매일 사자성어 100

• 5060세대를 위한 뇌가 젊어지는 필사책 •

매일 사자성어 100

HRS 학습센터 지음

GBB 가위바위보

들어가는 말

사자성어(四字成語)는 한자로 된 네 글자의 말로, 오랜 시간 동안 전해 내려오며 짧은 말 속에 깊은 의미와 교훈을 담고 있는 표현입니다. 주로 중국 고전이나 역사, 철학에서 유래되었으며, 우리나라에서도 교육과 일상에서 널리 쓰였습니다.

깊은 우정을 나타내는 관포지교(管鮑之交), 계획이나 태도가 자주 바뀌는 상황을 뜻하는 조변석개(朝變夕改)처럼 사자성어는 단순한 관용구나 속담과는 달리 비유와 함축이 뛰어나, 상황을 간결하게 요약하거나 말에 무게를 실을 때 유용합니다. 글쓰기나 연설, 대화에서도 사자성어를 더하면 훨씬 이해하기 쉽고, 지혜롭고 교양 있는 인상을 줄 수 있습니다.

특히 5060세대가 사자성어를 익히는 것은 단순한 교양을 넘어 삶의 질을 높이는 데 큰 도움이 됩니다. 짧지만 강한 메시지를 담아 지혜와 통찰을 전해주는 '언어유산'인 사자성어를 익히고 활용하는 과정에서, 과거의 경험과 현재의 삶을 연결하며 깊이 있는 성찰을 할 수 있기 때문입니다. 50대와 60대는 다양한 인생 경험을 해온 시기이므로, 사자성어에 담긴 의미를 보다 깊이 있게 공감하고 이해할 수 있을 것입니다.

또한 사자성어 학습은 뇌를 적극적으로 사용하게 만들어 기억력, 집중력, 사고력을 자극해 인지 기능을 강화하는 데 도움을 줍니다. 이는 치매 예방에도 도움이 되

며 취미로 즐기기에도 좋습니다. 가족과 소통할 때 사자성어를 활용하면서 삶의 지혜를 전달한다면 보다 풍성한 대화를 할 수 있고 관계도 깊어질 것입니다.

  무엇보다도 사자성어는 손으로 써보면서 익혀야 하므로, 글쓰기나 독서, 필사 같은 활동으로 자연스럽게 연결됩니다. 모쪼록 하루에 한 페이지씩 꾸준히 쓰고 익히면서, 뇌 운동과 교양을 함께 얻기를 바랍니다.

HRS 학습센터

차례

1장 배우는 건 즐거운 일 - 학문과 공부

언행일치(言行一致) 12　　형설지공(螢雪之功) 13
주경야독(晝耕夜讀) 14　　우공이산(愚公移山) 15
일취월장(日就月將) 16　　백문불여일견(百聞不如一見) 17
이심전심(以心傳心) 18　　청출어람(靑出於藍) 19
각고면려(刻苦勉勵) 20　　도광양회(韜光養晦) 21

 뇌가 젊어지는 사자성어 퀴즈 22

2장 알 수 없어 멋진 인생 - 지혜와 처세

지피지기(知彼知己) 26　　동문서답(東問西答) 27
수어지교(水魚之交) 28　　고진감래(苦盡甘來) 29
전화위복(轉禍爲福) 30　　새옹지마(塞翁之馬) 31
우이독경(牛耳讀經) 32　　삼십육계(三十六計) 33
진퇴양난(進退兩難) 34　　설상가상(雪上加霜) 35

 뇌가 젊어지는 사자성어 퀴즈 36

3장 말의 무게, 행동의 힘 - 말과 행동

삼사일언(三思一言) 40
침소봉대(針小棒大) 42
언중유골(言中有骨) 44
작심삼일(作心三日) 46
동상이몽(同床異夢) 48

이구동성(異口同聲) 41
과유불급(過猶不及) 43
유언비어(流言蜚語) 45
무위도식(無爲徒食) 47
대기만성(大器晚成) 49

 뇌가 젊어지는 사자성어 퀴즈 50

4장 내 맘 같은 사람은 없겠지만 - 감정과 인간관계

의기투합(意氣投合) 54
토사구팽(兎死狗烹) 56
관포지교(管鮑之交) 58
동병상련(同病相憐) 60
수수방관(袖手傍觀) 62

감언이설(甘言利說) 55
배은망덕(背恩忘德) 57
불문곡직(不問曲直) 59
천생연분(天生緣分) 61
죽마고우(竹馬故友) 63

 뇌가 젊어지는 사자성어 퀴즈 64

5장 늘 좋을 수는 없지 - 위기와 갈등

권선징악(勸善懲惡) 68
누란지위(累卵之危) 70
풍전등화(風前燈火) 72
자업자득(自業自得) 74
갈이천정(渴而穿井) 76

일촉즉발(一觸卽發) 69
명재경각(命在頃刻) 71
계란유골(鷄卵有骨) 73
백척간두(百尺竿頭) 75
사면초가(四面楚歌) 77

 뇌가 젊어지는 사자성어 퀴즈 78

6장 실패가 없다면 성공도 없을 거야 - 성공과 실패

승승장구(乘勝長驅) 82　　유비무환(有備無患) 83
천재일우(千載一遇) 84　　백전백승(百戰百勝) 85
입신양명(立身揚名) 86　　호사다마(好事多魔) 87
구사일생(九死一生) 88　　금의환향(錦衣還鄕) 89
출사표(出師表) 90　　　　일석이조(一石二鳥) 91

 뇌가 젊어지는 사자성어 퀴즈 92

7장 모든 것은 사라진다 - 인생과 철학

인과응보(因果應報) 96　　사필귀정(事必歸正) 97
유유상종(類類相從) 98　　역지사지(易地思之) 99
물아일체(物我一體) 100　　순망치한(脣亡齒寒) 101
인생무상(人生無常) 102　　생자필멸(生者必滅) 103
다사다난(多事多難) 104　　일장춘몽(一場春夢) 105

 뇌가 젊어지는 사자성어 퀴즈 106

8장 정정당당함의 무게 - 도덕과 정의

정정당당(正正堂堂) 110　　공평무사(公平無私) 111
이열치열(以熱治熱) 112　　법망불루(法網不漏) 113
정문일침(頂門一針) 114　　청렴결백(淸廉潔白) 115
군자지행(君子之行) 116　　염량세태(炎凉世態) 117
적반하장(賊反荷杖) 118　　오월동주(吳越同舟) 119

 뇌가 젊어지는 사자성어 퀴즈 120

9장 인생사 새옹지마 - 자연과 순리 그리고 변화

춘래불사춘(春來不似春) 124   한단지몽(邯鄲之夢) 125
조변석개(朝變夕改) 126   물실호기(勿失好機) 127
풍수지탄(風樹之嘆) 128   건곤일척(乾坤一擲) 129
태산북두(泰山北斗) 130   사상누각(砂上樓閣) 131
시시비비(是是非非) 132   화무십일홍(花無十日紅) 133

 뇌가 젊어지는 사자성어 퀴즈 134

10장 우리 마음은 복잡다단해 - 인물과 심리

양두구육(羊頭狗肉) 138   견강부회(牽強附會) 139
이율배반(二律背反) 140   비일비재(非一非再) 141
고장난명(孤掌難鳴) 142   난형난제(難兄難弟) 143
천의무봉(天衣無縫) 144   좌지우지(左之右之) 145
조삼모사(朝三暮四) 146   백미(白眉) 147

 뇌가 젊어지는 사자성어 퀴즈 148

정답 150

찾아보기 158

1장

배우는 건 즐거운 일

학문과 공부

言行一致 언행일치

말씀 언 **행할 행** **하나 일** **이를 치**

말과 행동이 서로 일치한다는 뜻입니다. 말한 대로 행동하는 사람, 말과 행동이 다르지 않은 사람은 존경할 만하지요.

言	行	一	致	言	行	一	致
言	行	一	致	言	行	一	致

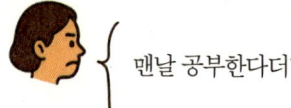 맨날 공부한다더니 또 핸드폰 게임이니?

죄송, 내일부터는 진짜 언행일치할게요!

螢雪之功 형설지공

반딧불이 형　**눈 설**　**어조사 지**　**공로 공**

'반딧불이와 눈빛 아래서 이루어낸 노력의 공로'라는 뜻으로, 어려운 환경에서도 꾸준히 공부해 성공한 노력을 비유적으로 표현한 말입니다.

螢	雪	之	功	螢	雪	之	功
螢	雪	之	功	螢	雪	之	功

옛날 어떤 젊은이는 너무 가난해 반딧불이를 모아 불을 밝혀 공부하고, 또 어떤 사람은 쌓인 눈에 반사된 달빛으로 책을 읽었다더라.

나도 알아. 형설지공! 엄마, 잔소리는 부디 1절만….

晝耕夜讀 주경야독

낮주 농사지을경 밤야 읽을독

'낮에는 농사짓고 밤에는 책을 읽는다'는 뜻으로, 가난하거나 힘든 상황에서도 시간을 쪼개어 부지런히 공부하는 자세를 나타내는 말입니다. 성실하고 근면함을 강조할 때 자주 사용되지요.

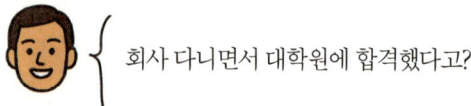

회사 다니면서 대학원에 합격했다고?

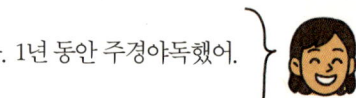

응. 1년 동안 주경야독했어.

愚公移山 우공이산

어리석을 우 이름 **공** 옮길 **이** 뫼 **산**

'우공이라는 노인이 산을 옮겼다'는 뜻입니다. 아무리 어려운 일이라도 끈기와 노력으로 결국 큰 일을 이룰 수 있다는 의미이지요. 중국 고사에서 유래했어요.

愚	公	移	山	愚	公	移	山
愚	公	移	山	愚	公	移	山

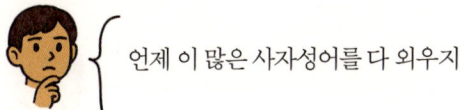

언제 이 많은 사자성어를 다 외우지?

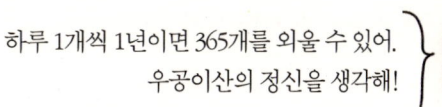

하루 1개씩 1년이면 365개를 외울 수 있어.
우공이산의 정신을 생각해!

日就月將 일취월장

날**일**　이룰**취**　달**월**　나아갈**장**

'날마다 자라고 달마다 발전한다'는 의미로, 꾸준히 성장하고 실력이 점점 나아진다는 의미예요. 꾸준함만큼 중요한 건 없지요.

日	就	月	將	日	就	月	將
日	就	月	將	日	就	月	將

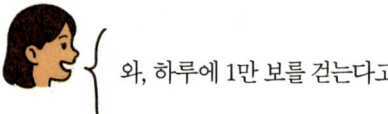
와, 하루에 1만 보를 걷는다고?

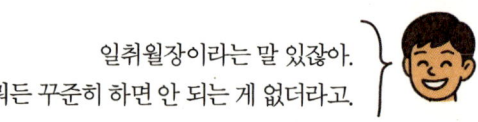
일취월장이라는 말 있잖아.
뭐든 꾸준히 하면 안 되는 게 없더라고.

百聞不如一見 _{백문불여일견}

일백 백   **들을 문**   **아닐 불**   **같을 여**   **하나 일**   **볼 견**

'백 번 듣는 것보다 한 번 보는 것이 낫다'는 뜻으로 아무리 여러 번 들어도 직접 보는 것만 못하다는 뜻입니다. 경험의 중요성을 강조할 때 많이 사용해요.

百	聞	不	如	一	見		
百	聞	不	如	一	見		

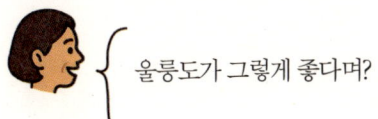
울릉도가 그렇게 좋다며?

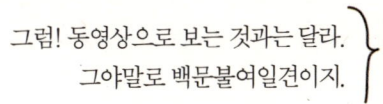
그럼! 동영상으로 보는 것과는 달라.
그야말로 백문불여일견이지.

以心傳心 이심전심

써**이**　마음**심**　전할**전**　마음**심**

'마음에서 마음으로 전하다'는 뜻이에요. 말로 하지 않아도 서로 마음이 통하고 이해하는 걸 말합니다. 이심전심할 수 있는 사람이 있다면 정말 좋겠지요!

以	心	傳	心	以	心	傳	心
以	心	傳	心	以	心	傳	心

 오늘 당신이 술 한잔 하자고 할 것 같아서 미리 파전 준비했어.

우아! 어떻게 알았어? 완전 이심전심이네. 고맙소!

靑出於藍 청출어람

푸를청   **나올출**   **어조사어**   **쪽람**

'쪽에서 나온 푸른색이 쪽보다 더 푸르다'라는 뜻으로, 제자가 스승보다 더 낫거나 자식이 부모보다 뛰어난 경우를 비유하는 말입니다.

靑	出	於	藍	靑	出	於	藍
靑	出	於	藍	靑	出	於	藍

 { 요즘 우리 꼬맹이가 영어 하는 거 보면 내가 따라가지를 못하겠어.

그거야말로 청출어람이지.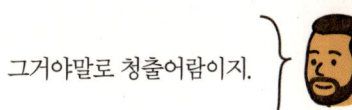

刻苦勉勵 각고면려

새길 각   **괴로울 고**   **힘쓸 면**   **힘쓸 려**

'괴로움을 참고 이를 악물며 힘써 노력한다'는 뜻으로 매우 고생스럽고 힘든 상황 속에서도 끝까지 포기하지 않고 노력하는 것을 의미해요.

刻	苦	勉	勵	刻	苦	勉	勵
刻	苦	勉	勵	刻	苦	勉	勵

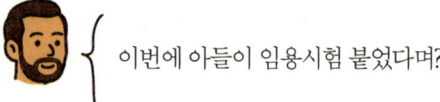 이번에 아들이 임용시험 붙었다며?

응, 몇 년을 새벽마다 일어나서 공부하더니.
완전 각고면려였어.
안 되는 줄 알았는데 결국 해내더라고.

韜光養晦 도광양회

감출 도   **빛 광**   **기를 양**   **숨길 회**

'빛을 감추고 실력을 기른다'는 뜻으로 자신의 실력이나 재능을 겉으로 드러내지 않고 인내하며 준비하는 태도를 말해요.

韜	光	養	晦	韜	光	養	晦
韜	光	養	晦	韜	光	養	晦

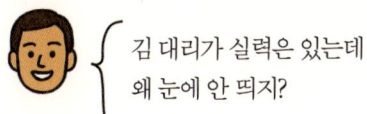
김 대리가 실력은 있는데 왜 눈에 안 띄지?

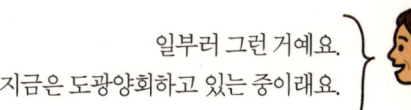
일부러 그런 거예요. 지금은 도광양회하고 있는 중이래요.

뇌가 젊어지는 사자성어 퀴즈

1. 아래의 장면을 보고 떠오르는 사자성어는 무엇일까요?

① 청출어람   ② 주경야독   ③ 언행일치   ④ 우공이산

2. 아래 단어를 보고 떠오르는 사자성어를 한글 또는 한자로 적어보세요.

① 마음, 공감, 친한 사이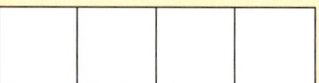

② 겨울, 반딧불이, 노력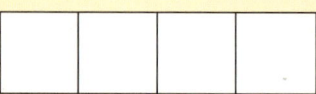

3. 아래 문장에 들어갈 초성에 맞는 사자성어를 써보세요.

① 그 애는 정말 말한 대로 실천하더라고. ㅇㅎㅇㅊ 야!

② 매일 조금씩 꾸준히 해서 ㅇㄱㅇㅅ 처럼 결국 영어를 익혔다.

③ 실력을 일부러 드러내지 않고 조용히 준비해 온 그녀는, ㄷㄱㅇㅎ 의 전형이었다.

4. 가로, 세로, 대각선에 숨어 있는 사자성어를 찾아 동그라미로 묶어보세요(4개).

螢	日	畫	善	靑
就	雪	親	可	出
無	夜	之	老	於
州	文	民	功	藍
言	行	一	致	好
古	愚	公	移	山

2장

알 수 없어 멋진 인생

지혜와 처세

知彼知己 지피지기

알**지**　저**피**　알**지**　자기**기**

'적을 알고 나를 안다'는 뜻으로, 상대방과 자신에 대해 잘 알고 있으면 어떤 경쟁에서도 이길 수 있다는 의미예요. 《손자병법》에 나온 말입니다.

知	彼	知	己	知	彼	知	己
知	彼	知	己	知	彼	知	己

박 부장님은 숫자에 밝아. 이렇게 보고서를 작성하면 다시 하라고 할 거야!

역시 대리님은 지피지기 정신이 뛰어나시네요.

東問西答 동문서답

동쪽 **동**　물을 **문**　서쪽 **서**　답할 **답**

'동쪽을 물었는데 서쪽을 대답한다'는 뜻으로 질문과 전혀 관계없는 엉뚱한 대답을 하는 것을 의미해요. 핵심을 제대로 짚지 못하는 상황에서 쓰입니다.

東	問	西	答	東	問	西	答
東	問	西	答	東	問	西	答

당신 요즘에 동문서답이 많아졌어. 걱정되네.

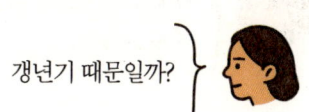
갱년기 때문일까?

水魚之交 수어지교

물 수　**물고기 어**　**어조사 지**　**사귈 교**

'물과 물고기의 관계'라는 뜻으로 물고기가 물 없이는 살 수 없듯이, 떼려야 뗄 수 없는 아주 친밀한 사이를 말합니다. 깊은 우정이나, 둘도 없는 사이를 표현할 때 사용해요.

박 대리 없었으면 직장 생활 어떻게 했을까?
진짜 고마워!

무슨 말씀을.
과장님과 전 수어지교라니까요!

苦盡甘來 고진감래

괴로울고　**다할진**　**달감**　**올래**

'쓴 것이 다하면 단 것이 온다'는 뜻으로 고생 끝에 낙이 온다는 의미입니다.
힘든 시기를 견디면 반드시 좋은 날이 온다는 희망을 담고 있어요.

苦	盡	甘	來	苦	盡	甘	來
苦	盡	甘	來	苦	盡	甘	來

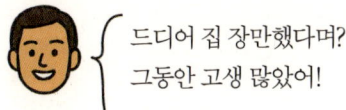
드디어 집 장만했다며?
그동안 고생 많았어!

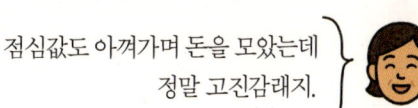
점심값도 아껴가며 돈을 모았는데
정말 고진감래지.

轉禍爲福 전화위복

바꿀 전 **재앙 화** **될 위** **복 복**

'재앙이 바뀌어 오히려 복이 된다'는 뜻으로 처음에는 불행처럼 보였던 일이 결과적으로는 좋은 일로 이어지는 것을 의미해요. 우리의 인생에는 전화위복이 많지요.

그때 집 계약이 틀어졌을 때는 정말 힘들었는데….

전화위복이지. 더 좋은 집을 얻게 되었잖아!

塞翁之馬 새옹지마

변방 새   늙은이 옹   어조사 지   말 마

'변방 노인의 말'이라는 뜻으로 인생에는 복과 화가 뒤섞여 있어서 어떤 일이 복이 될지, 화가 될지 모른다는 말이에요.

塞翁之馬 塞翁之馬
塞翁之馬 塞翁之馬

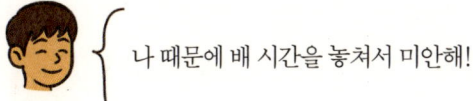
나 때문에 배 시간을 놓쳐서 미안해!

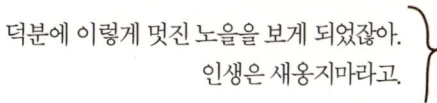
덕분에 이렇게 멋진 노을을 보게 되었잖아.
인생은 새옹지마라고.

牛耳讀經 우이독경

소**우**　　귀**이**　　읽을**독**　　경전**경**

'소 귀에 경 읽기'라는 뜻으로 아무리 좋은 말을 해도 알아듣지 못하거나, 들으려 하지 않는 사람에게는 말해봐야 소용없다는 의미예요.

牛	耳	讀	經	牛	耳	讀	經
牛	耳	讀	經	牛	耳	讀	經

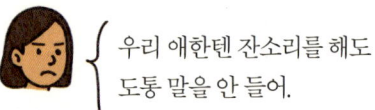
{ 우리 애한텐 잔소리를 해도 도통 말을 안 들어.

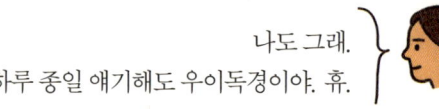
{ 나도 그래. 하루 종일 얘기해도 우이독경이야. 휴.

三十六計 삼십육계

셋 삼   **열 십**   **여섯 육**   **계책 계**

'서른여섯 가지의 계책'이라는 뜻으로, 상황에 따라 다양하게 쓸 수 있는 전략이나 처세술을 이르는 말입니다. 중국 고대 병법서인 《삼십육계》에서 유래했지요.

三	十	六	計	三	十	六	計
三	十	六	計	三	十	六	計

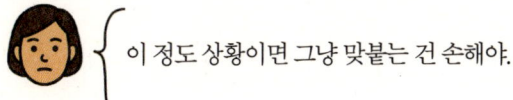

이 정도 상황이면 그냥 맞붙는 건 손해야.

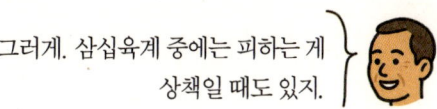

그러게. 삼십육계 중에는 피하는 게 상책일 때도 있지.

進退兩難 진퇴양난

나갈 진   물러날 **퇴**   둘 **양**   어려울 **난**

'나아가기도 어렵고, 물러서기도 어렵다'는 뜻으로 어느 쪽을 선택해도 곤란하고 난처한 상황을 의미합니다.

進	退	兩	難	進	退	兩	難
進	退	兩	難	進	退	兩	難

과장님 부탁을 들어주자니 차장님 눈치가 보이고, 거절하자니 관계가 깨질 것 같고….

와, 그거 정말 진퇴양난이다.

雪上加霜 설상가상

눈**설**　위**상**　더할**가**　서리**상**

'눈 위에 서리가 덮인다'는 뜻으로 안 좋은 일이 겹쳐서 더 나빠지는 상황, 말 그대로 엎친 데 덮친 격을 말해요. 불행이나 실수, 사고 등이 계속될 때 자주 쓰는 표현입니다.

雪	上	加	霜	雪	上	加	霜
雪	上	加	霜	雪	上	加	霜

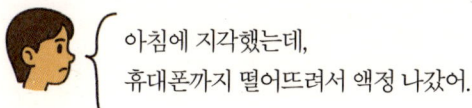

아침에 지각했는데, 휴대폰까지 떨어뜨려서 액정 나갔어.

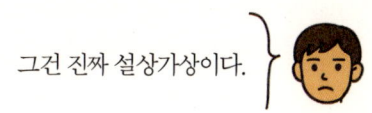

그건 진짜 설상가상이다.

 **뇌가 젊어지는 사자성어 퀴즈**

1. 아래의 장면을 보고 떠오르는 사자성어는 무엇일까요?

① 설상가상   ② 진퇴양난   ③ 새옹지마   ④ 동문서답

2. 아래 단어를 보고 떠오르는 사자성어를 한글 또는 한자로 써보세요.

① 노인, 말, 인생, 화, 복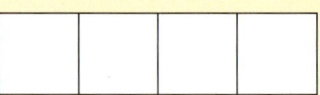

② 동쪽, 묻다, 서쪽, 엉뚱한 대답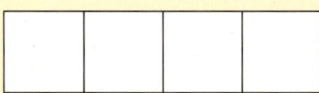

3. 아래 문장에 들어갈 초성에 맞는 사자성어를 써보세요.

① 승진 시험에 떨어졌는데 후배가 상사로 온다니 ㅅㅅㄱㅅ 이다.

② 우리는 초등학교 때부터 친한 ㅅㅇㅈㄱ 사이다.

③ 남편에게 로맨스 영화 보러 가자고 수십 번도 더 얘기했는데 여전히 ㅇㅇㄷㄱ 이다.

4. 가로, 세로, 대각선에 숨어 있는 사자성어를 찾아 동그라미로 묶어보세요(4개).

進	退	兩	難	知
高	命	洙	上	彼
水	魚	之	交	知
互	造	加	初	己
老	轉	禍	爲	福
玫	正	利	想	企

3장

말의 무게, 행동의 힘

말과 행동

三思一言 삼사일언

셋 삼   생각할 사   하나 일   말씀 언

'세 번 생각하고 한 번 말한다'는 뜻으로 말은 쉽게 하지 말고, 신중하게 여러 번 생각한 뒤에 해야 한다는 뜻이에요.

三	思	一	言	三	思	一	言
三	思	一	言	三	思	一	言

아무리 화가 났어도
너무 직설적으로 말하는 거 아니니?

아, 미안해.
삼사일언이라는 우리 집 가훈을 잊었네.

異口同聲 이구동성

다를 **이**   입 **구**   같을 **동**   소리 **성**

'입은 다르지만 목소리는 같다'는 뜻으로 여러 사람이 입을 모아 같은 의견을 말하거나, 단체가 일치된 주장을 할 때 사용하는 표현이에요.

異	口	同	聲	異	口	同	聲
異	口	同	聲	異	口	同	聲

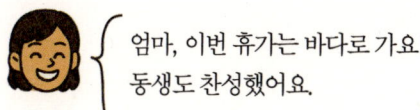
엄마, 이번 휴가는 바다로 가요! 동생도 찬성했어요.

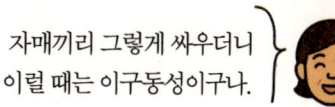
자매끼리 그렇게 싸우더니 이럴 때는 이구동성이구나.

針小棒大 침소봉대

바늘침 **작을소** **몽둥이봉** **클대**

'작은 바늘을 큰 몽둥이라고 말한다'는 뜻으로 작은 일을 과장해서 크게 말하는 것, 즉 별일 아닌 걸 지나치게 부풀려 이야기하거나, 침착하지 못하게 과민 반응할 때 쓰는 표현이에요.

針	小	棒	大	針	小	棒	大
針	小	棒	大	針	小	棒	大

 오늘 발표 때 말을 너무 더듬었어. 완전 망했다고!

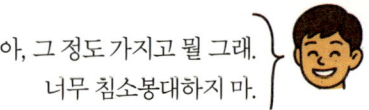 아, 그 정도 가지고 뭘 그래. 너무 침소봉대하지 마.

過猶不及 과유불급

지나칠 **과**   오히려 **유**   아닐 **불**   이를 **급**

'지나침은 모자람만 못하다'는 뜻으로 무언가를 너무 지나치게 하면, 부족한 것보다도 오히려 안 좋을 수 있다는 말이에요. 어떤 일이든 적당함이 중요하다는 교훈을 담고 있습니다.

過	猶	不	及	過	猶	不	及
過	猶	不	及	過	猶	不	及

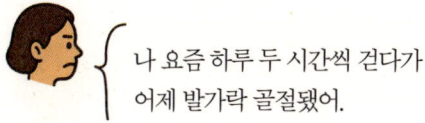
나 요즘 하루 두 시간씩 걷다가 어제 발가락 골절됐어.

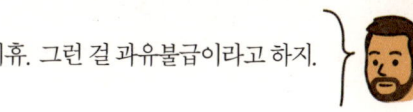
에휴. 그런 걸 과유불급이라고 하지.

言中有骨 언중유골

말씀 언　**가운데 중**　**있을 유**　**뼈 골**

'말 속에 뼈가 있다'는 뜻으로 겉으로는 부드럽게 말하지만, 속에는 날카로운 비판이나 충고가 담겨 있는 말을 의미해요. 돌려 말했지만 정곡을 찌른다는 의미로 자주 쓰입니다.

言	中	有	骨	言	中	有	骨
言	中	有	骨	言	中	有	骨

요즘 신입사원들은 생각이나 복장이나 참 창의적이고 자유로워 보이네요.

부장님 말씀이 왠지 언중유골 같습니다만….

流言蜚語 유언비어

흐를 유　말씀 언　날 비　말씀 어

'흘러다니는 말과 날아다니는 말'이라는 뜻으로 근거 없이 이리저리 떠도는 헛소문이나 거짓말, 즉 사실이 아닌 소문을 뜻해요.

流	言	蜚	語	流	言	蜚	語
流	言	蜚	語	流	言	蜚	語

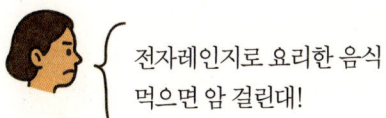
전자레인지로 요리한 음식 먹으면 암 걸린대!

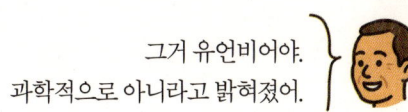
그거 유언비어야. 과학적으로 아니라고 밝혀졌어.

作心三日 작심삼일

만들작 마음심 셋삼 날일

'결심이 삼 일을 못 간다'는 뜻으로 뭔가를 하겠다고 결심하지만 금방 흐지부지하는 것 또는 쉽게 포기하는 태도를 비유할 때 자주 쓰는 표현입니다.

作	心	三	日	作	心	三	日
作	心	三	日	作	心	三	日

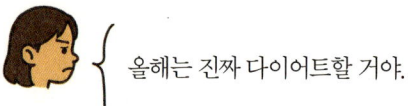
올해는 진짜 다이어트할 거야.

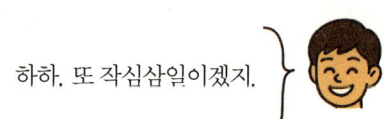
하하. 또 작심삼일이겠지.

無爲徒食 무위도식

없을 **무**　행할 **위**　헛될 **도**　먹을 **식**

'아무 일도 하지 않으면서 밥만 축낸다'는 뜻으로 게으르고 아무런 일도 하지 않으면서 먹기만 하는 사람을 비판할 때 쓰는 말이에요.

無	爲	徒	食	無	爲	徒	食
無	爲	徒	食	無	爲	徒	食

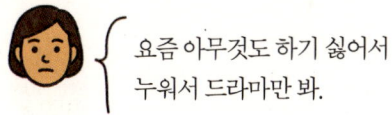

요즘 아무것도 하기 싫어서 누워서 드라마만 봐.

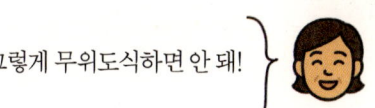

그렇게 무위도식하면 안 돼!

同床異夢 동상이몽

같을**동**　평상**상**　다를**이**　꿈**몽**

'같은 침대에서 자면서도 다른 꿈을 꾼다'는 뜻으로 겉으로는 같은 행동이나 목표를 가진 것처럼 보여도 속마음이나 생각은 전혀 다른 것을 말해요.

同	床	異	夢	同	床	異	夢
同	床	異	夢	同	床	異	夢

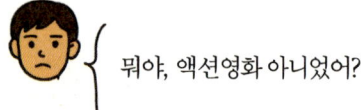
뭐야, 액션영화 아니었어?

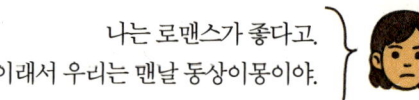
나는 로맨스가 좋다고.
이래서 우리는 맨날 동상이몽이야.

大器晩成 대기만성

클 대   그릇 기   늦을 만   이룰 성

'큰 그릇은 늦게 완성된다'는 뜻으로 훌륭한 인물은 천천히 완성된다는 뜻이에요. 남들보다 늦어도 포기하지 않으면 꿈을 이룰 수 있다는 희망적인 표현으로 많이 사용됩니다.

大	器	晩	成	大	器	晩	成
大	器	晩	成	大	器	晩	成

초등학생 때는 잘 몰랐는데, 네 피아노 실력이 이렇게 늘었을 줄이야.

엄마, 나는 대기만성 스타일이라고!

 **뇌가 젊어지는 사자성어 퀴즈**

1. 아래의 장면을 보고 떠오르는 사자성어는 무엇일까요?

① 이구동성   ② 언중유골   ③ 작심삼일   ④ 대기만성

2. 사자성어의 뜻이 맞으면 ○, 틀리면 ×표를 하세요.

① 침소봉대는 할 말을 하지 않고 참는다는 뜻이다. (   )

② 삼사일언은 신중하게 말해야 한다는 의미로 쓰인다. (   )

③ 언중유골은 부드럽게 말하지만 속에 비판이나 충고가 담겨 있다는 뜻이다. (   )

④ 작심삼일은 결심을 단단히 할 때 쓰는 말이다. (   )

3. 아래 문장에 들어갈 초성에 맞는 사자성어를 써보세요.

① 뭐든 지나치면 안 돼. ㄱㅇㅂㄱ 이라는 말도 있잖아.

② 중요한 말일수록 ㅅㅅㅇㅇ 의 자세가 필요하지.

③ 팀장님 퇴사한다는 거 진짜야? ㅇㅇㅂㅇ 일 수도 있잖아.

④ 별것도 아닌데 완전 ㅊㅅㅂㄷ 해서 말하더라.

4. 가로, 세로, 대각선에 숨어 있는 사자성어를 찾아 동그라미로 묶어보세요(4개).

無	兆	滿	拜	大
爲	一	門	五	器
徒	異	怒	語	晩
食	人	口	日	成
多	歌	秋	同	春
言	中	有	骨	聲

4장

내 맘 같은 사람은 없겠지만

감정과 인간관계

意氣投合 의기투합

뜻**의** 기운**기** 던질**투** 합칠**합**

'뜻과 기운이 서로 맞는다'는 뜻으로 생각과 마음이 잘 맞아 서로 금방 친해지거나 협력이 잘 되는 상태를 의미합니다. 친구나 동료, 파트너 관계에서 자주 쓰는 표현이에요.

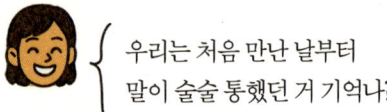 우리는 처음 만난 날부터 말이 술술 통했던 거 기억나?

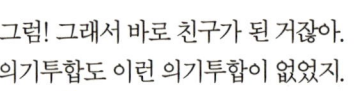 그럼! 그래서 바로 친구가 된 거잖아. 의기투합도 이런 의기투합이 없었지.

甘言利說 감언이설

달감 말씀언 이로울이 말씀설

'달콤한 말과 이로운 이야기'라는 뜻으로, 듣기에는 달콤하고 좋지만, 실제로는 상대를 속이기 위한 말일 때 쓰는 부정적인 표현입니다.

甘	言	利	說	甘	言	利	說
甘	言	利	說	甘	言	利	說

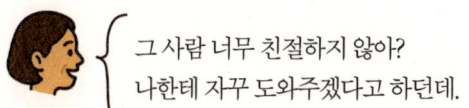

그 사람 너무 친절하지 않아?
나한테 자꾸 도와주겠다고 하던데.

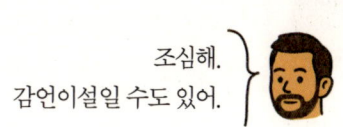

조심해.
감언이설일 수도 있어.

兎死狗烹 토사구팽

토끼 **토**   죽을 **사**   개 **구**   삶을 **팽**

'토끼가 죽으면 사냥개를 삶는다'는 뜻으로 필요할 때는 쓰다가 필요가 없어지면 가차 없이 버린다는 의미로 쓰입니다.

兎	死	狗	烹	兎	死	狗	烹
兎	死	狗	烹	兎	死	狗	烹

회사를 위해 그렇게 고생하신 부장님도 결국 이렇게 토사구팽 당하는구나.

그러게 말이야. 회사라는 게 가끔은 너무 냉정해.

背恩忘德 배은망덕

배반할 배　은혜 **은**　잊을 **망**　덕 **덕**

'은혜를 저버리고, 덕을 잊는다'는 뜻이에요. 남에게 받은 은혜나 도움을 잊고 도리어 배신하거나 무례하게 행동하는 것을 말하지요.

그 배우, 무명 시절 도와준 감독한테 연락도 안 한다더라.

성공했다고 옛정 다 잊은 거네. 완전 배은망덕이야.

管鮑之交 관포지교

성씨 관　　**성씨 포**　　**어조사 지**　　**사귈 교**

'관중과 포숙아의 우정'이라는 뜻으로, 매우 친하고 의리가 깊은 우정을 의미해요. 오랜 시간 동안 서로 신뢰하고 이해해주는 진정한 친구 사이를 가리킵니다.

管	鮑	之	交	管	鮑	之	交
管	鮑	之	交	管	鮑	之	交

우리 사이는 진짜 몇십 년이 지나도 변함없네.
고맙다, 친구야!

에이, 무슨 소리야.
우리는 관포지교잖아.

不問曲直 불문곡직

아닐 불   물을 문   잘못될 곡   곧을 직

'옳고 그름을 묻지 않는다'는 뜻으로 옳고 그름을 따지지 않고 행동하거나 판단하는 것을 의미합니다. 무조건 감정적으로 편들거나 상황을 제대로 살피지 않고 성급하게 결론을 내리는 태도를 비판할 때 사용하지요.

不	問	曲	直	不	問	曲	直
不	問	曲	直	不	問	曲	直

회사에서 일 터지면 무조건 내 탓이래. 완전히 불문곡직이야.

요즘 그런 식으로 일하면 안 되지.

同病相憐 동병상련

같을 **동**   병 **병**   서로 **상**   불쌍히 여길 **련**

'같은 병을 앓는 사람끼리는 서로 불쌍히 여긴다'는 뜻으로, 비슷한 고통이나 처지에 놓인 사람끼리는 서로의 아픔을 더 잘 이해하고 공감한다는 의미입니다.

 이번에 위암 수술하느라 너무 힘들었어.

아이고, 힘들었지?
그 마음 알지. 우린 동병상련인데.

天生緣分 천생연분

하늘천　태어날**생**　인연**연**　나눌**분**

'하늘이 맺어준 인연'이란 뜻으로 하늘이 나게 한 인연과 관계라는 말이에요.
서로를 위해 태어난 것처럼 궁합이 잘 맞고, 잘 어울리는 한 쌍을 의미합니다.

天	生	緣	分	天	生	緣	分
天	生	緣	分	天	生	緣	分

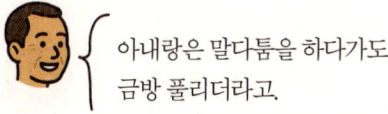
아내랑은 말다툼을 하다가도
금방 풀리더라고.

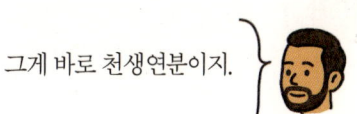
그게 바로 천생연분이지.

袖手傍觀 수수방관

소매 **수**　　손 **수**　　곁 **방**　　볼 **관**

'소매에 손을 넣고 곁에서 보기만 한다'는 뜻으로 어떤 일에 개입하지 않고 구경만 한다는 말입니다. 주로 남의 어려운 상황이나 부당한 일을 보고도 모른 척하거나, 책임을 회피하는 태도를 비판할 때 사용하지요.

 지난번에는 경비 아저씨가 억울하게 혼났는데 아무도 나서지를 않더라니까.

맞아. 그때 나도 마음 불편했어. 다들 수수방관하는 분위기였지.

竹馬故友 죽마고우

대나무죽 **말마** **옛고** **벗우**

'대나무 말을 타고 놀던 옛 친구'라는 뜻으로 어릴 적부터 함께 자라며 우정을 나눈 오랜 친구를 말합니다.

竹	馬	故	友	竹	馬	故	友
竹	馬	故	友	竹	馬	故	友

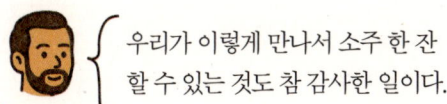

우리가 이렇게 만나서 소주 한 잔 할 수 있는 것도 참 감사한 일이다.

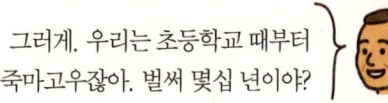

그러게. 우리는 초등학교 때부터 죽마고우잖아. 벌써 몇십 년이야?

 **뇌가 젊어지는 사자성어 퀴즈**

1. 아래의 장면을 보고 떠오르는 사자성어는 무엇일까요?

① 죽마고우   ② 감언이설   ③ 의기투합   ④ 수수방관

2. 같은 의미를 가진 사자성어 묶음에는 ○, 반대 의미를 가진 사자성어 묶음에는 ★를 하세요.

① 죽마고우   수어지교   (   )

② 사면초가   풍전등화   (   )

③ 고진감래   설상가상   (   )

④ 작심삼일   대기만성   (   )

⑤ 전화위복   새옹지마   (   )

3. 아래 문장에 들어갈 초성에 맞는 사자성어를 써보세요.

① 그는 어려울 때 도와준 사람을 배신했어. 진짜 ㅂㅇㅁㄷ 이지.

② 승진하자마자 예전 동료들을 무시하다니, 이거 ㅌㅅㄱㅍ 아냐?

③ 누가 옳고 그른지도 모르면서 편만 드는 건 ㅂㅁㄱㅈ 이야.

④ 처음 만났을 때부터 통하더라. 우리 진짜 ㅊㅅㅇㅂ 같지 않아?

4. 아래와 같은 상황에서 사용할 수 있는 사자성어는 무엇일까요?

| 그는 누구의 잘잘못도 따지지 않고 무조건 친구 편만 들었다. |

① 감언이설   ② 불문곡직   ③ 배은망덕   ④ 천생연분

| 그는 회사에서 인정받았지만, 프로젝트가 끝나자마자 해고당했다. |

① 천생연분   ② 죽마고우   ③ 토사구팽   ④ 관포지교

| 힘든 일을 겪고 있는 두 사람은 서로에게 깊이 공감하며 위로가 되었다. |

① 동병상련   ② 관포지교   ③ 배은망덕   ④ 수수방관

5장

늘 좋을 수는 없지

위기와 갈등

勸善懲惡 권선징악

권할 권　**착할 선**　**징계할 징**　**악할 악**

'착한 일을 권하고, 나쁜 일은 벌한다'는 뜻으로, 도덕적 정의를 실현하는 태도를 말합니다. 문학 작품과 드라마에서 많이 사용되지요.

勸	善	懲	惡	勸	善	懲	惡
勸	善	懲	惡	勸	善	懲	惡

요즘 뉴스를 보면 권선징악이라는 말이 무색할 정도야.

맞아. 최소한 착하게 살려는 사람들이 손해 보지 않는 세상이 되어야지.

一觸卽發 일촉즉발

하나 일　　**닿을 촉**　　**즉시 즉**　　**쏠 발**

'한 번만 닿아도 곧 터질 정도로 위태롭다'는 뜻으로, 작은 자극으로 큰일이 터질 듯한 아슬아슬한 상황을 말합니다. 위기 직전의 상태를 표현할 때 자주 사용되어요.

一	觸	卽	發	一	觸	卽	發
一	觸	卽	發	一	觸	卽	發

어제 동생과 크게 싸워서 절연할 뻔했어.
일촉즉발이었다고!

그래도 잘 참았네. 다행이야.

累卵之危 누란지위

포개질 **누**　　알 **란**　　어조사 **지**　　위태로울 **위**

'겹겹이 쌓인 달걀처럼 위태롭다'는 뜻으로 조금만 건드려도 무너질 것 같은 매우 불안하고 위험한 상태를 말합니다.

累	卵	之	危	累	卵	之	危
累	卵	之	危	累	卵	之	危

요즘 회사 돌아가는 거 보면 진짜 불안해. 누구 하나 실수하면 바로 무너질 것 같아.

딱 누란지위야. 분위기도 살얼음판 같고 다들 눈치만 보더라고.

命在頃刻 명재경각

목숨 명   **있을 재**   **잠깐 경**   **시간 각**

'목숨이 잠깐 사이에 달려 있다'는 뜻으로 목숨이 매우 위태로운 상황을 의미합니다.

고모님 병세가 갑자기 악화되어 중환자실 들어갔다네.
의사 말로는 명재경각이래.

어머, 건강하던 분이 어쩌다가…

風前燈火 풍전등화

바람 **풍**   앞 **전**   등불 **등**   불 **화**

'바람 앞의 등불'이라는 뜻으로 곧 꺼질 듯한 등불처럼 매우 위태롭고 아슬아슬한 상황을 말합니다. 아주 작은 자극에도 당장 꺼지거나 무너질 수 있는 위기를 표현할 때 사용되어요.

風	前	燈	火	風	前	燈	火
風	前	燈	火	風	前	燈	火

 언니, 요즘 가게에 손님이 너무 없다면서?

그래. 진짜 가게가 풍전등화야. 계속 이러면 문 닫아야 해.

鷄卵有骨 계란유골

닭계 **알란** **있을유** **뼈골**

'달걀에도 뼈가 있다'는 뜻으로 운이 없으면 될 일도 괜히 틀어지고, 안 생길 일도 생긴다는 뜻입니다. 운이 나쁘면 아주 사소한 일조차도 잘못될 수 있다는 말이에요.

鷄	卵	有	骨	鷄	卵	有	骨
鷄	卵	有	骨	鷄	卵	有	骨

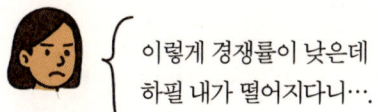
이렇게 경쟁률이 낮은데 하필 내가 떨어지다니….

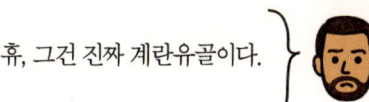
어휴, 그건 진짜 계란유골이다.

自業自得 자업자득

스스로 자 **행동 업** **스스로 자** **얻을 득**

'자기가 저지른 일의 결과를 자기가 받는다'는 뜻으로 행동에 대한 결과를 스스로 감수하게 된다는 의미입니다. '자기 꾀에 자기가 넘어간다', '자초한 일이다'와 비슷한 의미로 쓰여요.

自 業 自 得 自 業 自 得
自 業 自 得 自 業 自 得

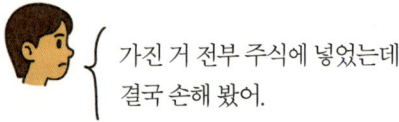
가진 거 전부 주식에 넣었는데 결국 손해 봤어.

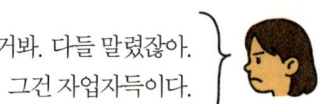
거봐. 다들 말렸잖아. 그건 자업자득이다.

百尺竿頭 백척간두

일백 **백**　　자 **척**　　장대 **간**　　머리 **두**

'백 척이나 되는 장대 끝에 서 있다'는 뜻으로 매우 위태롭고 절박한 상황 또는 한계에 다다른 상태를 뜻합니다.

百	尺	竿	頭	百	尺	竿	頭
百	尺	竿	頭	百	尺	竿	頭

회사 그만두고 나니까 홀가분하긴 한데 솔직히 막막하네.

그 기분 알아. 나도 퇴직할 땐 딱 백척간두 느낌이었어.

渴而穿井 갈이천정

목마를갈 말이을이 뚫을천 우물정

'목이 마르니까 그제야 우물을 판다'는 뜻으로, 일이 닥쳐야 비로소 허둥지둥 대비하려 하는 어리석음을 경계하는 말입니다.

渴	而	穿	井	渴	而	穿	井
渴	而	穿	井	渴	而	穿	井

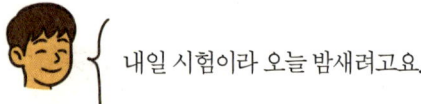 내일 시험이라 오늘 밤새려고요.

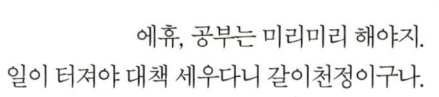 에휴, 공부는 미리미리 해야지. 일이 터져야 대책 세우다니 갈이천정이구나.

四面楚歌 사면초가

넷 사　**얼굴 면**　**초나라 초**　**노래 가**

'사방에서 초나라 노래가 들린다'라는 뜻으로 사방이 적으로 둘러싸여 고립되고, 도움받을 곳이 없는 절체절명의 상황을 의미합니다. 《사기》에 나오는 말이에요.

四	面	楚	歌	四	面	楚	歌
四	面	楚	歌	四	面	楚	歌

지난번 일로 수영장에서 완전히 미운털 박혔어. 회원들이 모두 나를 슬슬 피하네.

말 그대로 사면초가구나? 마음이 답답하겠다.

뇌가 젊어지는 사자성어 퀴즈

1. 아래의 장면을 보고 떠오르는 사자성어는 무엇일까요?

① 풍전등화　② 자업자득　③ 백척간두　④ 사면초가

2. 아래의 사다리 게임에서 설명과 맞지 않는 사자성어는 무엇일까요?

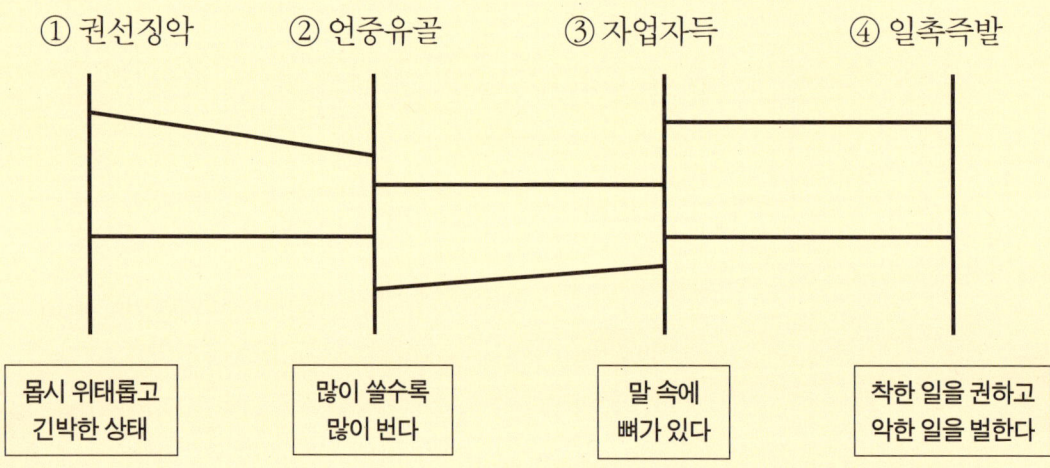

3. 다음 문장에 들어갈 초성에 맞는 사자성어를 써보세요.

① 상황이 너무 위태로워 정말 ㄴㄹㅈㅇ 그 자체야.

② 계약이 될 듯하더니 틀어졌어. 이번에도 ㄱㄹㅇㄱ 이네.

③ 행사가 코앞에 닥치니까 허둥대더라. 완전 ㄱㅇㅊㅈ 이지.

4. 아래와 같은 상황에서 사용할 수 있는 사자성어는 무엇일까요?

| 학교 폭력을 막기 위해 친구들을 도왔던 아이가 용기를 인정받아 표창을 받고, 괴롭힘을 일삼던 학생은 징계를 받게 되었다. |

① 조삼모사   ② 권선징악   ③ 동병상련   ④ 작심삼일

| 회사가 자금난에 허덕이고 있어 한 달 안에 투자자를 찾지 못하면 문을 닫아야만 한다. 직원들은 불안에 떨고 있고, 대표도 깊은 고민에 빠져 있다. |

① 풍전등화   ② 고진감래   ③ 지피지기   ④ 유유상종

| 전쟁을 막기 위해 적국과 협상 중이다. 작은 말실수 하나로도 큰 충돌이 날 수 있는 긴장된 자리였다. |

① 백척간두   ② 권모술수   ③ 불문곡직   ④ 수수방관

6장

실패가 없다면
성공도 없을 거야

성공과 실패

乘勝長驅 승승장구

탈**승**　이길**승**　길**장**　몰**구**

'승리를 타고 길게 내달린다'는 뜻으로 이긴 기세를 몰아 거침없이 나아간다는 말입니다. 일이나 사업, 인생의 흐름이 잘 풀릴 때 또는 계속해서 성공하고 좋은 성과를 내고 있을 때 자주 쓰는 표현이에요.

이번에 출시한 제품도 완판됐대.
계약도 몇 건 더 들어왔고.

오~ 진짜 승승장구네!
고생한 보람이 있다.

有備無患 유비무환

있을 **유**   갖출 **비**   없을 **무**   근심 **환**

'미리 준비가 되어 있으면 걱정할 일이 없다'는 뜻으로 무슨 일이 생기기 전에 미리 대비하면 문제가 생겨도 당황하지 않는다는 교훈을 담고 있어요.

요즘 건강검진 안 받은 지 꽤 됐어.
귀찮아서 계속 미루게 돼.

그러다 병 키우면 어쩌려고.
건강은 유비무환이 제일 중요해.

83

千載一遇 천재일우

일천 천　　**실을 재**　　**하나 일**　　**만날 우**

'천 년에 한 번 만날 기회'라는 뜻으로 좀처럼 얻기 힘든 아주 드문 기회를 말합니다.

千	載	一	遇	千	載	一	遇
千	載	一	遇	千	載	一	遇

이번에 연락 온 회사는 연봉도 좋고, 복지도 좋은데, 이 나이에 이직이 맞나 싶어서 고민돼.

와, 완전 천재일우야. 그런 기회 자주 오는 거 아니니까, 진지하게 고민해봐.

百戰百勝 백전백승

일백 **백**　　싸움 **전**　일백 **백**　　이길 **승**

'백 번 싸우면 백 번 모두 이긴다'는 뜻으로 싸울 때마다 이기는 무적의 강함 또는 철저한 준비와 전략으로 늘 성공을 거두는 상태를 의미합니다.

아들이 자격증도 따고, 취직도 하고, 여자 친구도 생겼다고?

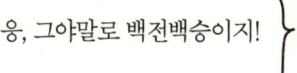
응, 그야말로 백전백승이지!

立身揚名 입신양명

설입   **몸신**   **날릴양**   **이름명**

'몸을 바로 세우고, 이름을 세상에 떨친다'는 뜻으로, 자신의 인격과 실력을 갖추어 출세하고, 명예를 얻는 것을 말합니다. 보통 성공해서 부모나 고향, 사회에 이름을 알렸을 때 사용하지요.

立	身	揚	名	立	身	揚	名
立	身	揚	名	立	身	揚	名

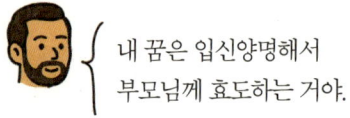
내 꿈은 입신양명해서 부모님께 효도하는 거야.

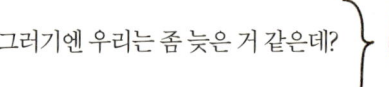
그러기엔 우리는 좀 늦은 거 같은데?

好事多魔 호사다마

좋을 호　**일 사**　**많을 다**　**마귀 마**

'좋은 일에는 탈이 많다'는 뜻으로 좋은 일이 생기려 하면 괜히 방해가 생기고, 순탄치 않다는 말입니다. 방심했을 때 생기는 장애물을 조심하라는 의미로 자주 쓰이지요.

아들 취업했다고 좋아했는데, 갑자기 급성 장염으로 입원까지 했어.

어머, 그런 일이 있다니 진짜 호사다마네.

九死一生 구사일생

아홉구 **죽을사** **하나일** **날생**

'아홉 번 죽을 고비를 넘기고 한 번 살아난다'는 뜻으로, 매우 위험한 상황에서 간신히 살아남거나 실패 직전에서 기적적으로 벗어나는 경우를 말합니다.

九	死	一	生	九	死	一	生
九	死	一	生	九	死	一	生

그때 산길에서 차가 미끄러졌는데 휴대전화 배터리도 없고 진짜 아슬아슬했어.

와, 완전 구사일생이네. 다친 데 없어서 천만다행이다.

錦衣還鄉 금의환향

비단 금   **옷 의**   **돌아올 환**   **고향 향**

'비단옷을 입고 고향으로 돌아간다'는 뜻으로, 성공해서 이름을 떨친 뒤에 자랑스럽게 고향에 돌아가는 것을 말합니다.

錦	衣	還	鄉	錦	衣	還	鄉
錦	衣	還	鄉	錦	衣	還	鄉

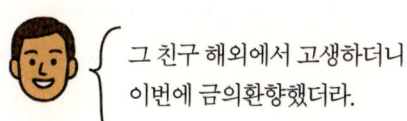
그 친구 해외에서 고생하더니 이번에 금의환향했더라.

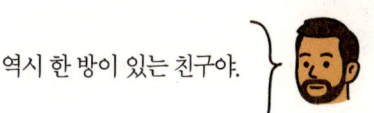
역시 한 방이 있는 친구야.

出師表 출사표

나갈**출**　스승**사**　글**표**

'전쟁터에 나가기 전에 임금에게 올리는 글'을 뜻하며, 주로 충성과 결의를 다짐하는 내용입니다. 중대한 일을 앞두고 결의를 다지는 글이나 선언, 각오를 말하기도 합니다.

 회사 그만두고 카페 창업한다고?
진짜로?

 응. 이번에야말로 내 인생
출사표 한번 제대로 던져보려고.

一石二鳥 일석이조

하나 일   **돌 석**   **둘 이**   **새 조**

'돌 하나로 새 두 마리를 잡는다'는 뜻으로 한 가지 일을 해서 두 가지 이득을 본다는 의미입니다. 높은 효율이나 기대 이상의 성과를 표현할 때 자주 사용하지요.

一	石	二	鳥	一	石	二	鳥
一	石	二	鳥	一	石	二	鳥

{ 가족들이랑 등산 갔다가 근처에 건강검진센터가 있어서 체크도 하고 왔지.

오~ 완전 일석이조네. 운동도 하고 건강도 챙기고!

 **뇌가 젊어지는 사자성어 퀴즈**

1. 아래의 장면을 보고 떠오르는 사자성어는 무엇일까요?

① 호사다마　　② 출사표　　③ 금의환향　　④ 일석이조

2. 아래 이야기에 어울리는 사자성어는 무엇인지 한자로 써보세요.

> 점심 먹으러 나가면서 우산을 챙긴 김 대리는 동료들에게 "괜히 무거운 거 들고 다닌다"고 놀림을 받았다. 하지만 점심을 먹는 도중 갑자기 소나기가 쏟아졌고, 모두들 우산이 없어 발을 동동 굴렀다. 김 대리는 여유롭게 우산을 펴고 동료들을 불러 함께 쓰자고 했다. 동료들은 "네가 제일 현명하다"며 고마워했다.

3. 사자성어 가로세로 퍼즐을 풀어 보세요.

가로

1. 하늘이 맺어준 인연
2. 한 가지 행동이나 노력으로 두 가지 이익이나 성과를 동시에 얻는 경우
3. 결심을 굳게 해도 오래가지 못하고 쉽게 흐트러지는 상황

세로

1. 천 번을 살아도 한 번 만날까 말까 한 기회
4. 말로 하지 않아도 서로의 마음이 통하는 깊은 교감이나 이해
5. 아홉 번 죽을 뻔하다가 간신히 살아남거나, 위기에서 가까스로 벗어남

7장

모든 것은 사라진다

인생과 철학

因果應報 인과응보

인할 **인**　결과 **과**　응할 **응**　갚을 **보**

'원인이 있으면 반드시 그에 따른 결과가 따른다'는 뜻으로 선한 행동에는 좋은 결과가, 악한 행동에는 나쁜 결과가 반드시 있다는 말입니다.

因	果	應	報	因	果	應	報
因	果	應	報	因	果	應	報

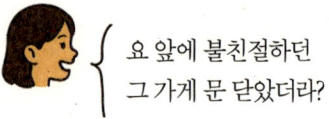

요 앞에 불친절하던 그 가게 문 닫았더라?

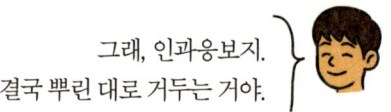

그래, 인과응보지. 결국 뿌린 대로 거두는 거야.

事必歸正 사필귀정

일**사**　반드시**필**　돌아갈**귀**　바를**정**

'모든 일은 반드시 바른 이치로 돌아간다'는 뜻으로 일시적으로 왜곡되고 부정하게 보일지라도 결국에는 정의가 승리하고 올바른 방향으로 해결된다는 의미입니다.

事	必	歸	正	事	必	歸	正
事	必	歸	正	事	必	歸	正

작년만 해도 사람들이 내 말 안 믿었잖아.
근데 이제야 사실로 다 드러났어.

사필귀정이야.
시간은 걸려도 진실은 가려지지 않지.

類類相從 유유상종

무리 **유**　무리 **유**　서로 **상**　따를 **종**

'같은 무리끼리 서로 따른다'는 뜻으로 비슷한 사람들끼리 자연스럽게 어울린다는 말입니다. 어울리는 사람을 보면 그 사람을 알 수 있다는 의미로도 쓰이지요.

類	類	相	從	類	類	相	從
類	類	相	從	類	類	相	從

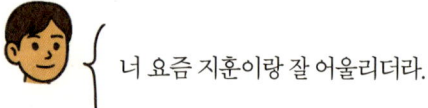
너 요즘 지훈이랑 잘 어울리더라.

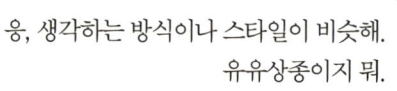
응, 생각하는 방식이나 스타일이 비슷해.
유유상종이지 뭐.

易地思之 역지사지

바꿀역   **땅지**   **생각할사**   **갈지**

'입장을 바꿔서 생각해보라'는 뜻으로 상대방의 처지에서 상황을 이해해보라는 의미입니다. 공감, 배려, 소통, 이해심을 강조할 때 자주 쓰이지요.《맹자》에 나오는 말입니다.

易	地	思	之	易	地	思	之
易	地	思	之	易	地	思	之

요즘 우리 애가 왜 그렇게 말이 없고 짜증이 많은지 모르겠어.

사춘기라 그럴 수 있어. 조금만 역지사지 해봐.

物我一體 물아일체

만물**물**　　나**아**　　하나**일**　　몸**체**

'만물과 내가 하나가 된다'는 뜻으로, 자연이나 대상과의 경계가 사라진 상태를 의미합니다. 주로 예술, 운동, 수행, 자연 속 명상 같은 활동에서 몰입 상태, 마음의 평온함을 묘사할 때 사용됩니다.

物	我	一	體	物	我	一	體
物	我	一	體	物	我	一	體

 오늘 산에서 멋진 풍경 보고 바람도 쐬니 마음이 확 풀리더라.

그게 바로 물아일체 아니겠어? 자연에 녹아드는 느낌!

脣亡齒寒 순망치한

입술순 **없을망** **이치** **찰한**

'입술이 없으면 이가 시리다'는 뜻으로, 가까운 관계에 있는 하나가 무너지면, 다른 하나도 영향을 받는다는 의미입니다.

脣	亡	齒	寒	脣	亡	齒	寒
脣	亡	齒	寒	脣	亡	齒	寒

{ 이번 명절에 형님이 해외 출장이라는데, 이거 괜히 나만 독박 쓰는 거 아냐?

하하. 순망치한이라는 말이 괜히 있는 게 아니지.

人生無常 인생무상

사람 **인**   날 **생**   없을 **무**   변하지 않을 **상**

'인생에는 변하지 않는 것이 없다'는 뜻으로, 인생은 한결같지 않고 세상 모든 것은 항상 변한다는 의미입니다.

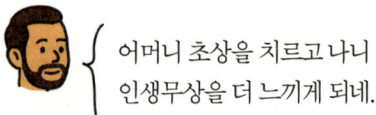 어머니 초상을 치르고 나니 인생무상을 더 느끼게 되네.

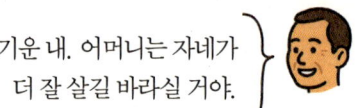 기운 내. 어머니는 자네가 더 잘 살길 바라실 거야.

生者必滅 생자필멸

날생　　**놈자**　반드시**필**　사라질**멸**

'생명이 있는 것은 반드시 죽음을 맞이한다'는 뜻으로 살아 있는 모든 존재는 언젠가 반드시 죽음을 맞이한다는 불변의 진리를 담고 있습니다. 불교에서 유래된 표현이에요.

生	者	必	滅	生	者	必	滅
生	者	必	滅	生	者	必	滅

우리 집 강아지가 얼마 전에 눈을 감았어.

이런, 생자필멸이네. 영원한 건 없지.

多事多難 다사다난

많을 **다**　일 **사**　많을 **다**　어려울 **난**

'일도 많고, 어려움도 많다'는 뜻으로, 온갖 일이 많이 일어나고, 그만큼 고생도 많았던 시기나 상황을 말합니다. 주로 한 해를 되돌아볼 때 자주 쓰입니다.

多	事	多	難	多	事	多	難
多	事	多	難	多	事	多	難

진짜 올 한 해는 정신없이 지나간 것 같아.
집안일에 건강 문제에….

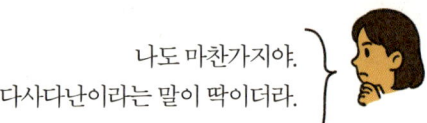
나도 마찬가지야.
다사다난이라는 말이 딱이더라.

一場春夢 일장춘몽

하나 **일**　마당 **장**　봄 **춘**　꿈 **몽**

'한바탕 봄날의 꿈'이라는 뜻으로, 덧없고 허무한 인생이나 잠깐 스쳐가는 영광, 부귀를 의미합니다. 화려했지만 덧없이 지나간 시절을 회상하거나 표현할 때 사용됩니다.

一	場	春	夢	一	場	春	夢
一	場	春	夢	一	場	春	夢

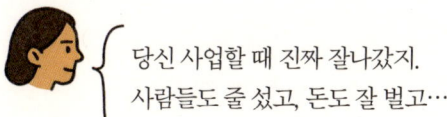
당신 사업할 때 진짜 잘나갔지.
사람들도 줄 섰고, 돈도 잘 벌고….

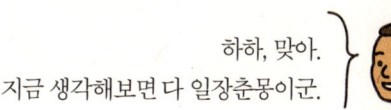
하하, 맞아.
지금 생각해보면 다 일장춘몽이군.

 **뇌가 젊어지는 사자성어 퀴즈**

1. 아래의 장면을 보고 떠오르는 사자성어는 무엇일까요?

① 인과응보　　② 유유상종　　③ 일장춘몽　　④ 물아일체

2. 아래의 사다리 게임에서 설명과 맞지 않는 사자성어는 무엇일까요?

① 사필귀정　　② 역지사지　　③ 순망치한　　④ 다사다난

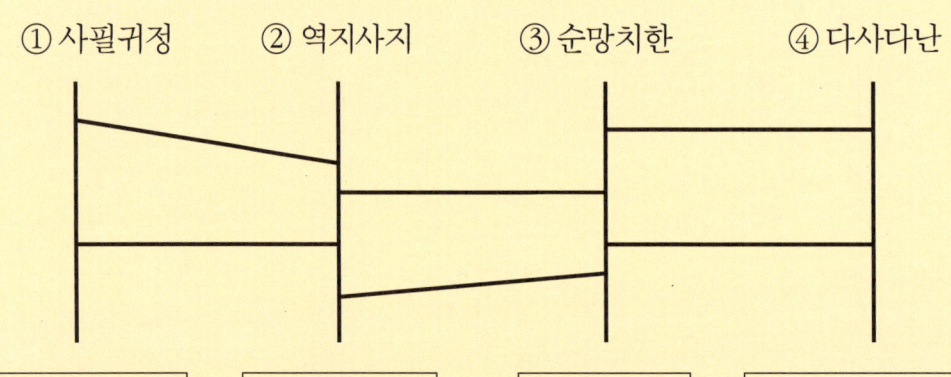

| 많을수록 편하다 | 이가 없으면 잇몸이 시리다 | 입장을 바꿔 생각해본다 | 모든 일은 반드시 바른 이치로 돌아간다 |

3. 아래 문장에 들어갈 초성에 맞는 사자성어를 써보세요.

① 인생에서 변하지 않는 것은 없어. 정말 ㅇㅅㅁㅅ 이지.

② 너무 슬퍼하지 마. 어차피 누구든 언젠간 떠나는 거잖아. ㅅㅈㅍㅁ 이야.

③ 복지정책을 만들 때는 ㅇㅈㅅㅈ 의 정신이 필요해.

4. 가로, 세로, 대각선에 숨어 있는 사자성어를 찾아 동그라미로 묶어보세요(4개).

因	土	牲	公	易
美	果	末	善	地
就	古	應	率	思
愚	壹	民	報	之
人	生	無	常	比
古	脣	亡	齒	寒

8장

정정당당함의 무게

도덕과 정의

正正堂堂 정정당당

바를**정**　바를**정**　큰집**당**　큰집**당**

'바르고 떳떳하며, 위엄 있고 당당하다'는 뜻으로 사리사욕 없이 정정하게, 누구 앞에서도 떳떳한 태도나 행동을 뜻합니다.

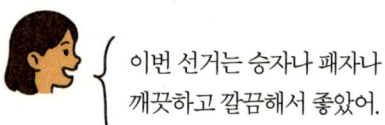
이번 선거는 승자나 패자나 깨끗하고 깔끔해서 좋았어.

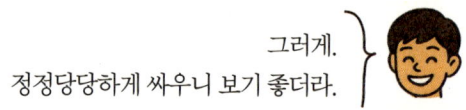
그러게. 정정당당하게 싸우니 보기 좋더라.

公平無私 공평무사

공평할 공 평평할 평 없을 무 사사로울 사

'공정하여 치우침이나 사사로운 마음이 없다'는 뜻으로, 사람이나 상황을 판단할 때 편견 없이 바르고 공정하게 처신하는 태도를 말합니다. 공정한 리더, 올바른 판단, 균형감 있는 사람을 칭찬할 때 자주 쓰입니다.

公	平	無	私	公	平	無	私
公	平	無	私	公	平	無	私

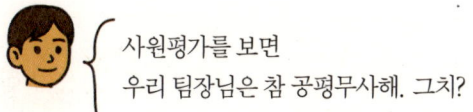
사원평가를 보면 우리 팀장님은 참 공평무사해. 그치?

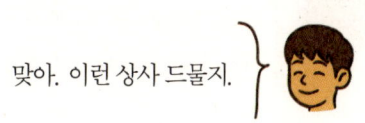
맞아. 이런 상사 드물지.

以熱治熱 이열치열

써 **이**   더울 **열**   다스릴 **치**   더울 **열**

'열로 열을 다스린다'는 뜻으로, 강한 문제는 더 강하게 맞서야 해결된다는 의미입니다. 무더운 날 맵거나 뜨거운 음식을 먹을 때도 많이 사용하지요.

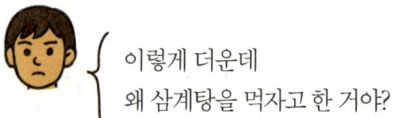
이렇게 더운데
왜 삼계탕을 먹자고 한 거야?

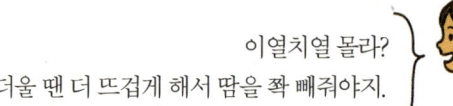
이열치열 몰라?
더울 땐 더 뜨겁게 해서 땀을 쫙 빼줘야지.

法網不漏 법망불루

법법　**그물**망　**아닐**불　**샐**루

'법의 그물은 촘촘해서 빠져나갈 수 없다'는 뜻으로, 죄를 지은 사람은 결국 처벌받게 된다는 뜻입니다. 정의는 반드시 실현된다는 의미로도 해석되지요.

法	網	不	漏	法	網	不	漏
法	網	不	漏	法	網	不	漏

그 사람 결국 입건됐대.
한동안 잘 피한다 싶었는데.

그러게. 법망불루지.
아무리 권력이 있어도 언젠간 걸리게 돼 있어.

頂門一針 정문일침

정수리**정**　문**문**　하나**일**　바늘**침**

'정수리에 찌르는 한 방의 침'이라는 뜻으로 핵심을 찌르는 말 한마디나 충고 또는 정곡을 찌르는 따끔한 충언을 의미합니다. 한의학 용어에서 유래되었어요.

頂	門	一	針	頂	門	一	針
頂	門	一	針	頂	門	一	針

어제 너한테 들은 말이 계속 생각났어.
처음엔 기분 상했는데 사실 정문일침이었더라.

다행이네.
나는 너무 심했나 싶어 걱정했어.

淸廉潔白 청렴결백

맑을청 **청렴할렴** **깨끗할결** **흰백**

'맑고 검소하며 깨끗하고 순수하다'는 뜻으로, 욕심이 없고 마음이 맑고 깨끗해 부정이나 부패에 물들지 않은 상태를 말합니다. 주로 공직자나 리더에게 요구되는 덕목으로 사용되지요.

淸	廉	潔	白	淸	廉	潔	白
淸	廉	潔	白	淸	廉	潔	白

 청렴결백했던 역사 인물로는 누가 있을까?

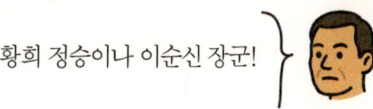 황희 정승이나 이순신 장군!

君子之行 군자지행

임금 군   **아들 자**   **어조사 지**   **행할 행**

'군자의 행동'이라는 뜻으로 도덕적이고 바른길을 따르는 사람의 태도와 실천을 뜻해요. 여기서 '군자'는 단순한 지식인이 아니라 품격 있고, 바르고, 사심 없이 살아가는 사람을 말합니다.

君	子	之	行	君	子	之	行
君	子	之	行	君	子	之	行

요즘처럼 어려울 때 박 선생님이 그렇게 많은 돈을 기부했다고?

정말 군자지행이야. 아무나 할 수 있는 행동이 아니지.

炎凉世態 염량세태

불탈염 **서늘할량** **세상세** **모습태**

'뜨거울 때는 달려들고, 식으면 외면하는 세상의 태도'라는 뜻으로, 사람들이 권세 있고 잘나갈 때는 가까이 다가왔다가, 어려워지면 외면하는 변덕스러움을 의미합니다. 인간관계의 허무함을 표현할 때 사용되지요.

炎	凉	世	態	炎	凉	世	態
炎	凉	世	態	炎	凉	世	態

예전엔 그 집에 사람들로 발 디딜 틈이 없었잖아. 근데 요즘은 다들 슬쩍 피하더라고.

그러게. 염량세태라는 말이 딱이야.

賊反荷杖 적반하장

도둑 적   **되돌릴 반**   **멜 하**   **지팡이 장**

'도둑이 도리어 몽둥이를 든다'는 뜻으로 잘못한 사람이 오히려 큰소리치며 남을 나무라거나 화내는 태도를 말합니다. 잘못한 사람이 더 당당하게 구는 모습을 비판할 때 쓰이지요.

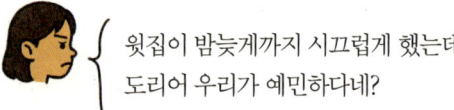
윗집이 밤늦게까지 시끄럽게 했는데 도리어 우리가 예민하다네?

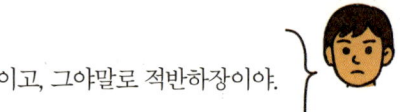
아이고, 그야말로 적반하장이야.

吳越同舟 오월동주

오나라 **오** **월**나라 **월** 함께 **동** 배 **주**

'원수지간인 오나라 사람과 월나라 사람이 한배를 타다'는 뜻으로, 사이가 나쁜 사람이 공통된 목적이나 위기를 만나 협력하게 된다는 의미입니다.

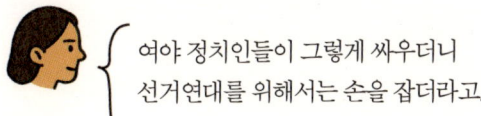
여야 정치인들이 그렇게 싸우더니 선거연대를 위해서는 손을 잡더라고.

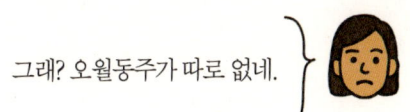
그래? 오월동주가 따로 없네.

 **뇌가 젊어지는 사자성어 퀴즈**

1. 아래의 장면을 보고 떠오르는 사자성어는 무엇일까요?

① 이열치열   ② 공평무사   ③ 염량세태   ④ 적반하장

2. 사자성어의 뜻이 맞으면 ○, 틀리면 ×표를 하세요.

① 공평무사는 공정하고 사사로움이 없다는 뜻이다. (   )

② 정문일침은 따끔한 충고라는 의미로 쓰인다. (   )

③ 법망불루는 법을 피하는 방법이 있다는 뜻이다. (   )

④ 오월동주는 사이가 좋은 사람끼리 같은 배에 탄다는 말이다. (   )

3. 아래 문장에 들어갈 초성에 맞는 사자성어를 써보세요.

① 그 선수는 부정행위 없이 실력으로 ㅈ ㅈ ㄷ ㄷ 하게 승부했어.

② 심사 기준이 누구에게도 치우치지 않고 ㄱ ㅍ ㅁ ㅅ 했지.

③ 결국 도망간 범인도 잡혔대. 세상은 ㅂ ㅁ ㅂ ㄹ 한 법이야.

4. 사자성어가 완성되도록 연결해보세요.

적반 •　　　　　　• 결백

군자 •　　　　　　• 하장

청렴 •　　　　　　• 지행

정정 •　　　　　　• 당당

정문 •　　　　　　• 일침

5. 아래의 상황에 적당한 사자성어를 한자로 써보세요.

동생이 내 옷을 몰래 입고 나가더니 커피까지 흘려났다. 내가 한소리하자 동생은 오히려 "언니가 제대로 정리를 안 해놨으니까 내가 입은 거잖아!"라며 소리를 질렀다.

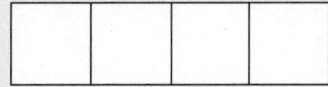

9장

인생사 새옹지마

자연과 순리 그리고 변화

春來不似春 춘래불사춘

봄춘   **올래**   아닐**불**   같을**사**   **봄춘**

'봄이 왔으나 봄 같지 않다'는 뜻으로 겉으로는 화창한 봄이지만, 마음은 춥고 허전하다는 의미입니다. 상황은 좋아졌지만 마음은 아직 회복되지 않은 상태를 표현할 때 쓰입니다.

날이 풀리고 꽃은 피는데…
왜 이렇게 마음이 무거운지 모르겠네.

그럴 때 있지. 나도 요즘은
춘래불사춘이란 말이 괜히 와닿더라고.

邯鄲之夢 한단지몽

지명 한　**지명 단**　**어조사 지**　**꿈 몽**

'한단에서 꾼 꿈'이라는 뜻으로 인생의 부귀영화가 꿈처럼 덧없다는 뜻입니다. 화려한 성공, 출세를 이루었더라도 한순간에 사라지는 인생의 허무함을 말할 때 사용되지요.

邯	鄲	之	夢	邯	鄲	之	夢
邯	鄲	之	夢	邯	鄲	之	夢

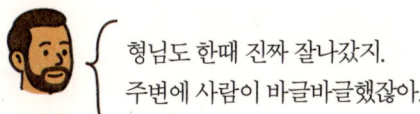

형님도 한때 진짜 잘나갔지.
주변에 사람이 바글바글했잖아.

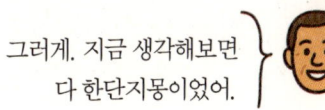

그러게. 지금 생각해보면
다 한단지몽이었어.

朝變夕改 조변석개

아침 **조**   바꿀 **변**   저녁 **석**   고칠 **개**

'아침에 바꾸고 저녁에 또 고친다'는 뜻으로 너무 자주 바뀌는 정책이나 의견, 또는 일관성이 없는 처신을 비판할 때 쓰는 표현입니다.

朝	變	夕	改	朝	變	夕	改
朝	變	夕	改	朝	變	夕	改

아니, 입시정책이 왜 이렇게 자주 바뀌는 거야?

진짜 조변석개도 유분수지.
이렇게 바뀌면 어떻게 준비하라는 건지.

勿失好機 물실호기

말 물　　**잃을 실**　　**좋을 호**　　**기회 기**

'좋은 기회를 놓치지 말라'는 뜻으로 기회를 잃지 말고 반드시 붙잡으라는 말이에요. 결단력 있게 행동해야 할 때, 또는 타이밍이 중요한 순간에 주로 사용됩니다.

勿	失	好	機	勿	失	好	機
勿	失	好	機	勿	失	好	機

집값 더 오르기 전에 움직여야 해.
물실호기야.

솔깃하긴 한데
좀 더 고민해봐야 하지 않을까?

風樹之嘆 풍수지탄

바람 풍　**나무 수**　**어조사 지**　**탄식할 탄**

'바람 부는 나무의 탄식'이라는 뜻으로, 부모님에게 효도하려 할 때는 이미 돌아가신 뒤라는 의미입니다. 슬픔과 후회를 비유적으로 표현한 말이지요.

風	樹	之	嘆	風	樹	之	嘆
風	樹	之	嘆	風	樹	之	嘆

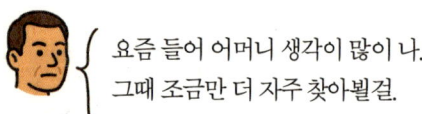
요즘 들어 어머니 생각이 많이 나. 그때 조금만 더 자주 찾아뵐걸.

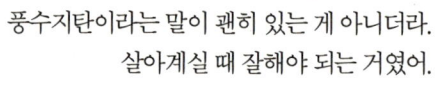
풍수지탄이라는 말이 괜히 있는 게 아니더라. 살아계실 때 잘해야 되는 거였어.

乾坤一擲 건곤일척

하늘 건　**땅 곤**　**하나 일**　**던질 척**

'하늘과 땅을 걸고 한 번 던진다'는 뜻으로 모든 운명을 걸고 단 한 번 승부를 내는 절박한 상황이나 결단을 말해요. 인생을 좌우할 일생일대의 승부수를 의미합니다.

乾	坤	一	擲	乾	坤	一	擲
乾	坤	一	擲	乾	坤	一	擲

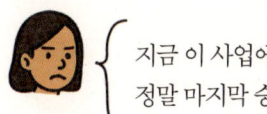

지금 이 사업에 투자하는 게 맞을까? 정말 마지막 승부야.

건곤일척이지. 물러설 곳도, 다음 기회도 없는 거잖아.

泰山北斗 태산북두

클 태   뫼 산   북녘 북   말 두

'태산과 북두칠성'이라는 뜻으로, 어떤 분야에서 가장 존경받고 뛰어난 인물, 절대적인 존재를 비유적으로 이르는 표현입니다. 본보기가 되며 중심이 되는 사람을 뜻하지요.

泰	山	北	斗	泰	山	北	斗
泰	山	北	斗	泰	山	北	斗

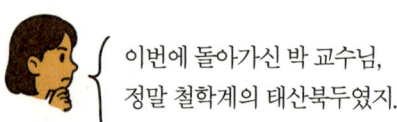
이번에 돌아가신 박 교수님, 정말 철학계의 태산북두였지.

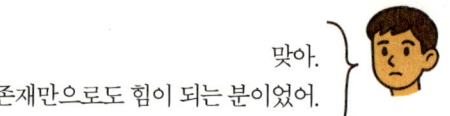
맞아. 존재만으로도 힘이 되는 분이었어.

砂上樓閣 사상누각

모래**사**　위**상**　다락**누**　집**각**

'모래 위에 세운 누각'이라는 뜻으로, 기초가 약해 무너지기 쉬운 상태나, 겉보기만 그럴 듯한 상황을 비유적으로 이르는 표현입니다. 아무리 그럴듯해 보여도 기반이 튼튼하지 않으면 오래 가지 못하는 법이에요.

砂	上	樓	閣	砂	上	樓	閣
砂	上	樓	閣	砂	上	樓	閣

자네 팀원이 준비한 계획, 겉으로는 대단해 보이는데 내용이 너무 부실해.

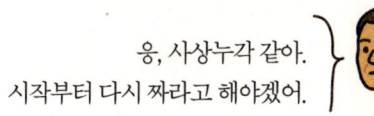
응, 사상누각 같아. 시작부터 다시 짜라고 해야겠어.

是是非非 시시비비

옳을 **시**   옳을 **시**   아닐 **비**   아닐 **비**

'옳고 그름을 가린다'는 뜻으로, 옳은지 그른지를 분명히 따지는 것을 의미합니다. 상황에 따라서가 아니라 객관적으로 판단해 시비를 가리는 자세를 강조할 때 쓰입니다.

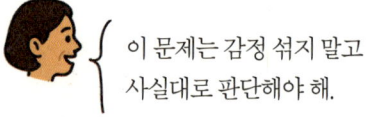
이 문제는 감정 섞지 말고 사실대로 판단해야 해.

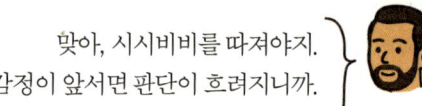
맞아, 시시비비를 따져야지. 감정이 앞서면 판단이 흐려지니까.

花無十日紅 화무십일홍

꽃**화**　 없을**무**　 열**십**　 날**일**　 붉을**홍**

'꽃은 열흘 동안 붉은 법이 없다'는 뜻으로, 아무리 아름답고 영화로운 시절도 오래가지 않는다는 인생무상과 존재의 덧없음을 비유하는 표현입니다.
절정의 순간도 결국은 지나가므로 겸손과 준비가 필요하다는 교훈을 담고 있어요.

花	無	十	日	紅			
花	無	十	日	紅			

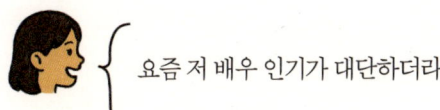
요즘 저 배우 인기가 대단하더라.

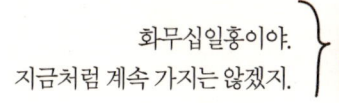
화무십일홍이야.
지금처럼 계속 가지는 않겠지.

 **뇌가 젊어지는 사자성어 퀴즈**

1. 아래의 장면을 보고 떠오르는 사자성어는 무엇일까요?

① 시시비비　　② 조변석개　　③ 풍수지탄　　④ 사상누각

2. 아래의 설명에 맞는 사자성어를 골라보세요.

| 봄이 왔지만 마음은 여전히 쓸쓸하고 공허한 상태 |

① 건곤일척　　② 춘래불사춘　　③ 물실호기　　④ 시시비비

| 아침에 바꾸고 저녁에 또 바꾸는, 잦은 변화나 변덕 |

① 한단지몽　　② 조변석개　　③ 태산북두　　④ 사상누각

3. 아래 문장에 들어갈 초성에 맞는 사자성어를 써보세요.

① 화려했던 성공도 한낱 꿈처럼 사라졌어. 완전 | ㅎ | ㄷ | ㅈ | ㅁ | 이지.

② 이번 투자는 정말 물러설 곳 없는 | ㄱ | ㄱ | ㅇ | ㅊ | 이야.

③ 그 사람은 우리 업계에서 | ㅌ | ㅅ | ㅂ | ㄷ | 같은 존재였어.

④ 언제나 계획은 그럴듯하지만, 실천이 부족해 | ㅅ | ㅅ | ㄴ | ㄱ | 이더라.

4. 아래의 글을 읽고 떠오르는 사자성어를 한자로 써보세요.

> 한때 그는 스포트라이트를 한몸에 받았다. 거리에는 그의 광고가 넘쳐났고, 사람들은 그의 말투까지 따라 했다. 잠잘 시간도 없이 출연 요청과 공연이 이어졌고, 세상은 그의 것 같았다.
> 그러던 어느 날, 새 얼굴들이 등장하기 시작했다. 화려한 무대는 여전했지만, 그의 자리는 조금씩 뒤로 밀렸다. 출연 요청은 점점 줄었고, 팬클럽도 예전같지 않았다.
> 그는 어두운 거실에서 조용히 자신의 옛 노래를 틀었다. 무대 위 환호 소리가 다시 귓가를 맴돌았다.
> 잠시 눈을 감은 그는 혼잣말처럼 중얼거렸다.
> "그래, 모든 건 영원하지 않지."

10장

우리 마음은 복잡다단해

인물과 심리

羊頭狗肉 양두구육

양양　머리**두**　개**구**　고기**육**

'양 머리를 걸어놓고 개고기를 판다'는 뜻으로, 겉보기에는 그럴듯하지만 실제로는 전혀 다르거나 속임수가 있는 상황을 비유적으로 이르는 말입니다. 말과 행동이 다르거나, 겉은 번지르르하지만 속은 부실할 때 자주 쓰입니다.

羊	頭	狗	肉	羊	頭	狗	肉
羊	頭	狗	肉	羊	頭	狗	肉

{ 광고는 최고급 브랜드 느낌이던데, 막상 가보니 질 떨어지는 제품이더라.

양두구육이었구나. 겉만 번지르르한 거였네.

牽強附會 견강부회

끌**견**　강할**강**　붙을**부**　모일**회**

'억지로 끌어다 붙이고, 관련없는 것을 이어 붙인다'는 뜻으로, 이치에 맞지 않는 말이나 근거를 끼워 맞추는 상황을 비유적으로 이르는 말입니다.

牽	強	附	會	牽	強	附	會
牽	強	附	會	牽	強	附	會

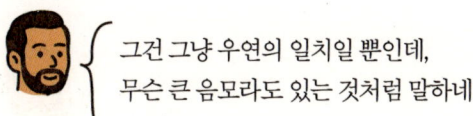

그건 그냥 우연의 일치일 뿐인데, 무슨 큰 음모라도 있는 것처럼 말하네.

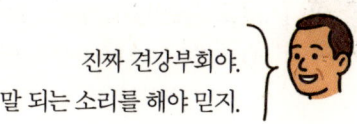

진짜 견강부회야. 말 되는 소리를 해야 믿지.

二律背反 이율배반

둘 **이**　　법칙 **률**　　등질 **배**　　돌이킬 **반**

'두 개의 법칙이 서로 등지고 반대된다'는 뜻으로, 모순되어 양립할 수 없는 두 명제가 동시에 타당해 보이는 것을 이르는 말입니다. 일상에서는 말과 행동이 서로 어긋날 때도 비유적으로 사용되지요.

二	律	背	反	二	律	背	反
二	律	背	反	二	律	背	反

지금 당장 변화를 원한다면서도,
기존 방식을 절대 바꾸지 말자고 하니 뭔 말인지 원.

이율배반이지.
둘 다 가질 순 없는 거잖아.

非一非再 비일비재

아닐 **비**　하나 **일**　아닐 **비**　다시 **재**

'한두 번이 아니다'라는 뜻으로, 같은 일이 자주 반복되거나 매우 흔하게 일어남을 이르는 말이에요. 주로 부정적이거나 바람직하지 않은 상황이 되풀이될 때 사용됩니다.

非	一	非	再	非	一	非	再
非	一	非	再	非	一	非	再

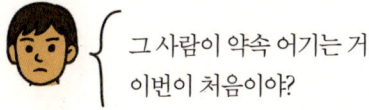

그 사람이 약속 어기는 거 이번이 처음이야?

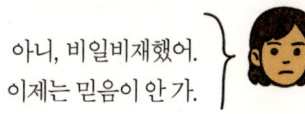

아니, 비일비재했어. 이제는 믿음이 안 가.

孤掌難鳴 고장난명

외로울 **고**   손바닥 **장**   어려울 **난**   울 **명**

'손바닥 하나로는 소리를 낼 수 없다'는 뜻으로 혼자서는 어렵고, 상대가 있어야 일이 이루어진다는 의미를 담고 있습니다. 협력이나 상호작용의 중요성을 강조할 때 자주 쓰이지요.

회의에서 아무리 좋은 아이디어를 내도 다들 무관심하더라.

우리 팀은 고장난명이야. 혼자서는 어떤 일도 제대로 할 수 없는데.

難兄難弟 난형난제

어려울 난 **형 형** **어려울 난** **아우 제**

'형이라 하기도 어렵고, 아우라 하기도 어렵다'는 뜻으로, 서로의 실력이나 능력이 비슷해 우열을 가리기 힘든 상황을 이르는 말이에요. 어느 쪽이 더 낫다고 말하기 어려울 때 사용됩니다.

難	兄	難	弟	難	兄	難	弟
難	兄	難	弟	難	兄	難	弟

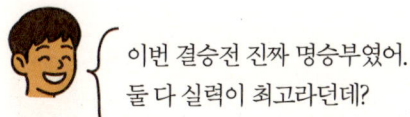

이번 결승전 진짜 명승부였어.
둘 다 실력이 최고라던데?

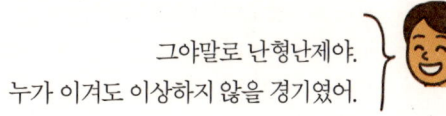

그야말로 난형난제야.
누가 이겨도 이상하지 않을 경기였어.

天衣無縫 천의무봉

하늘천　**옷의**　**없을무**　**꿰맬봉**

'하늘이 만든 옷에는 꿰맨 자국이 없다'는 뜻으로, 너무나 완벽하고 자연스러워 흠잡을 데가 없는 상태를 이르는 말입니다. 문장, 작품, 말솜씨 등을 칭찬할 때 자주 사용됩니다.

天	衣	無	縫	天	衣	無	縫
天	衣	無	縫	天	衣	無	縫

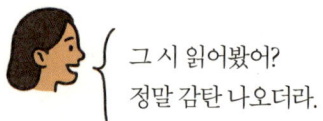

그 시 읽어봤어?
정말 감탄 나오더라.

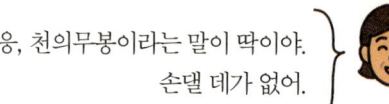

응, 천의무봉이라는 말이 딱이야.
손댈 데가 없어.

左之右之 좌지우지

왼쪽 **좌**   갈 **지**   오른쪽 **우**   갈 **지**

'이리저리 좌우로 움직이게 한다'는 뜻으로, 자기 마음대로 다른 사람이나 상황을 휘두르는 것을 이르는 말이에요. 권력을 쥔 사람이 다른 사람을 제멋대로 조종할 때 자주 사용됩니다.

左	之	右	之	左	之	右	之
左	之	右	之	左	之	右	之

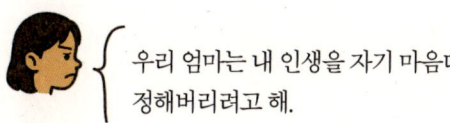

우리 엄마는 내 인생을 자기 마음대로 정해버리려고 해.

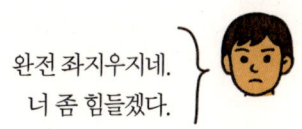

완전 좌지우지네. 너 좀 힘들겠다.

朝三暮四 조삼모사

아침 **조**   셋 **삼**   저물 **모**   넷 **사**

'아침에는 셋, 저녁에는 넷'이라는 뜻으로, 겉으로는 달라 보여도 실제는 같은 것을 놓고 사람을 속이는 태도를 비유하는 말이에요. 원숭이에게 도토리를 아침에 3개, 저녁에 4개 준다 하자 화를 내서 아침 4개, 저녁 3개로 바꾸니 기뻐했다는 고사에서 유래했습니다.

朝	三	暮	四	朝	三	暮	四
朝	三	暮	四	朝	三	暮	四

지금 이 정책도 결국은 형식만 바뀌었지 똑같은 거잖아.

조삼모사지. 보여주는 방식만 다를 뿐이니까.

白眉 백미

흰 **백**　　눈썹 **미**

'흰 눈썹'이라는 뜻으로, 여럿 가운데 가장 뛰어난 사람이나 사물을 비유적으로 이르는 말입니다.

이번 전시회 작품들 다 좋았는데,
저 그림이 확실히 눈에 띄더라.

응, 백미였어.
전체 분위기를 살린 건 그 작품이었지.

# 뇌가 젊어지는 사자성어 퀴즈

1. 아래의 장면을 보고 떠오르는 사자성어는 무엇일까요?

① 양두구육   ② 백미   ③ 조삼모사   ④ 천의무봉

2. 아래의 사다리 게임에서 설명과 맞지 않는 사자성어는 무엇일까요?

① 난형난제   ② 고장난명   ③ 이율배반   ④ 양두구육

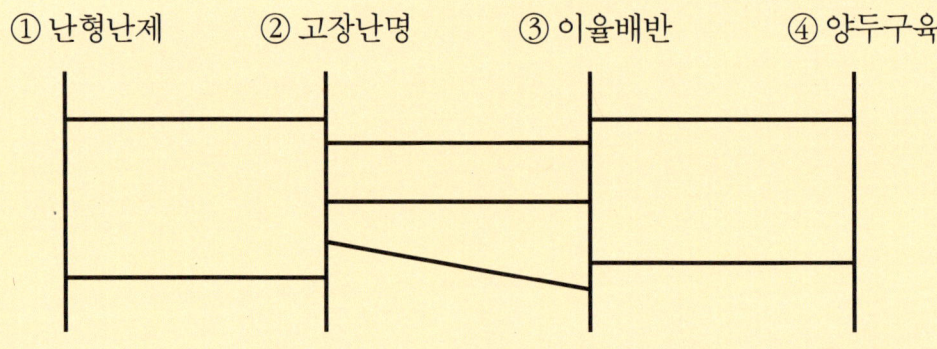

| 두 개의 법칙이 서로 상반된다 | 손바닥 하나로는 소리를 내기 어렵다 | 형이라 하기도 어렵고 동생이라 하기도 어렵다 | 양의 머리를 걸어두고 소고기를 판다 |

3. 사자성어 가로세로 퍼즐을 풀어보세요.

가로

1. 나아갈 수도, 물러날 수도 없는 매우 곤란한 상황
3. 반딧불을 모아 불빛 삼아 공부하고, 눈빛에 기대 책을 읽음
5. 일도 많고 탈도 많다

세로

2. 두 사람 모두 뛰어나서 우열을 가리기 힘든 상황
4. 막상 효도하려 할 때는 이미 부모님이 돌아가신 뒤라는 슬픔과 후회
6. 사방이 모두 적이고, 고립되어 도와줄 사람 하나 없는 절망적인 상황

정답

1장 배우는 건 즐거운 일 - 학문과 공부   22~23쪽

1. ②

2. ① 이심전심(以心傳心)   ② 형설지공(螢雪之功)

3. ① 언행일치   ② 우공이산   ③ 도광양회

4.

螢	日	晝	善	青
就	雪	親	可	出
無	夜	之	老	於
州	文	民	功	藍
言	行	一	致	好
古	愚	公	移	山

 2장 알 수 없어 멋진 인생 - 지혜와 처세   36~37쪽

1. ④

2. ① 새옹지마(塞翁之馬)   ② 동문서답(東問西答)

3. ① 설상가상   ② 수어지교   ③ 우이독경

4.
進	退	兩	難	知
髙	命	洙	上	彼
水	魚	之	交	知
互	造	加	初	己
老	轉	禍	爲	福
玫	正	利	想	企

3장 말의 무게, 행동의 힘 - 말과 행동   50~51쪽

1. ①
2. ① × ② ○ ③ ○ ④ ×
3. ① 과유불급 ② 삼사일언 ③ 유언비어 ④ 침소봉대
4.
無	兆	滿	拜	大
爲	一	門	五	器
徒	異	怒	語	晚
食	人	口	日	成
多	歌	秋	同	春
言	中	有	骨	聲

153

4장 내 맘 같은 사람은 없겠지만 - 감정과 인간관계   64~65쪽

1. ②
2. ① ○ ② ○ ③ ★ ④ ★ ⑤ ○
3. ① 배은망덕 ② 토사구팽 ③ 불문곡직 ④ 천생연분
4. ②, ③, ①

 5장 늘 좋을 수는 없지 - 위기와 갈등   78~79쪽

1. ④
2. ③
3. ① 누란지위 ② 계란유골 ③ 갈이천정
4. ②, ①, ①

 6장 실패가 없다면 성공도 없을 거야 - 성공과 실패   92~93쪽

1. ④
2. 有備無患

3.

❶천	생	연	분	
재				
❷일	석	❹이	조	
우		심		❺구
		전		사
	❸작	심	삼	일
				생

7장 모든 것은 사라진다 - 인생과 철학

106~107쪽

1. ②

2. ④

3. ① 인생무상   ② 생자필멸   ③ 역지사지

4.

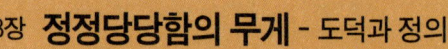 **8장 정정당당함의 무게** - 도덕과 정의   120~121쪽

1. ①

2. ① ○ ② ○ ③ × ④ ×

3. ① 정정당당   ② 공평무사   ③ 법망불루

4.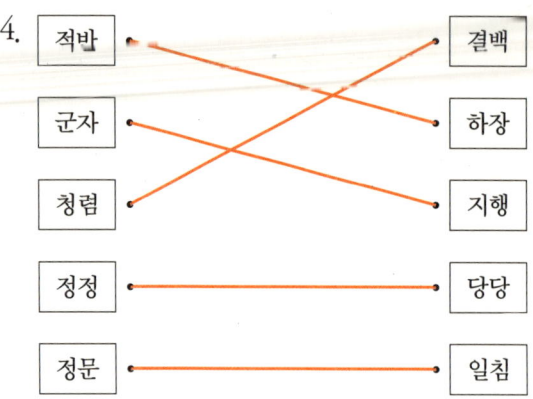

5. 賊反荷杖

 9장 인생사 새옹지마 - 자연과 순리 그리고 변화   134~135쪽

1. ③

2. ②, ②

3. ① 한단지몽   ② 건곤일척   ③ 태산북두   ④ 사상누각

4. 花無十日紅

10장 우리 마음은 복잡다단해 - 인물과 심리   148~149쪽

1. ③

2. ④

3.

				❹풍	
❶진	퇴	양	❷난		수
			❸형	설	지	공
❺다	❻사	다	난		탄
	면		제		
	초				
	가				

찾아보기

ㄱ

각고면려(刻苦勉勵) 20
갈이천정(渴而穿井) 76
감언이설(甘言利說) 55
건곤일척(乾坤一擲) 129
견강부회(牽強附會) 139
계란유골(鷄卵有骨) 73
고장난명(孤掌難鳴) 142
고진감래(苦盡甘來) 29
공평무사(公平無私) 111
과유불급(過猶不及) 43
관포지교(管鮑之交) 58
구사일생(九死一生) 88
군자지행(君子之行) 116
권선징악(勸善懲惡) 68
금의환향(錦衣還鄉) 89

ㄴ

난형난제(難兄難弟) 143
누란지위(累卵之危) 70

ㄷ

다사다난(多事多難) 104
대기만성(大器晩成) 49
도광양회(韜光養晦) 21
동문서답(東問西答) 27
동병상련(同病相憐) 60
동상이몽(同床異夢) 48

ㅁ

명재경각(命在頃刻) 71
무위도식(無爲徒食) 47
물실호기(勿失好機) 127
물아일체(物我一體) 100

ㅂ

배은망덕(背恩忘德) 57
백문불여일견(百聞不如一見) 17
백미(白眉) 147
백전백승(百戰百勝) 85
백척간두(百尺竿頭) 75
법망불루(法網不漏) 113
불문곡직(不問曲直) 59

비일비재(非一非再) 141

ㅅ

사면초가(四面楚歌) 77
사상누각(砂上樓閣) 131
사필귀정(事必歸正) 97
삼사일언(三思一言) 40
삼십육계(三十六計) 33
새옹지마(塞翁之馬) 31
생자필멸(生者必滅) 103
설상가상(雪上加霜) 35
수수방관(袖手傍觀) 62
수어지교(水魚之交) 28
순망치한(脣亡齒寒) 101
승승장구(乘勝長驅) 82
시시비비(是是非非) 132

ㅇ

양두구육(羊頭狗肉) 138
언중유골(言中有骨) 44
언행일치(言行一致) 12
역지사지(易地思之) 99

염량세태(炎凉世態) 117
오월동주(吳越同舟) 119
우공이산(愚公移山) 15
우이독경(牛耳讀經) 32
유비무환(有備無患) 83
유언비어(流言蜚語) 45
유유상종(類類相從) 98
의기투합(意氣投合) 54
이구동성(異口同聲) 41
이심전심(以心傳心) 18
이열치열(以熱治熱) 112
이율배반(二律背反) 140
인과응보(因果應報) 96
인생무상(人生無常) 102
일석이조(一石二鳥) 91
일장춘몽(一場春夢) 105
일촉즉발(一觸卽發) 69
일취월장(日就月將) 16
입신양명(立身揚名) 86

ㅈ

자업자득(自業自得) 74
작심삼일(作心三日) 46
적반하장(賊反荷杖) 118

전화위복(轉禍爲福) 30
정문일침(頂門一針) 114
정정당당(正正堂堂) 110
조변석개(朝變夕改) 126
조삼모사(朝三暮四) 146
좌지우지(左之右之) 145
주경야독(晝耕夜讀) 14
죽마고우(竹馬故友) 63
지피지기(知彼知己) 26
진퇴양난(進退兩難) 34

ㅊ

천생연분(天生緣分) 61
천의무봉(天衣無縫) 144
천재일우(千載一遇) 84
청렴결백(淸廉潔白) 115
청출어람(靑出於藍) 19
춘래불사춘(春來不似春) 124
출사표(出師表) 90
침소봉대(針小棒大) 42

ㅌ

태산북두(泰山北斗) 130
토사구팽(兎死狗烹) 56

ㅍ

풍수지탄(風樹之嘆) 128
풍전등화(風前燈火) 72

ㅎ

한단지몽(邯鄲之夢) 125
형설지공(螢雪之功) 13
호사다마(好事多魔) 87
화무십일홍(花無十日紅) 133

159

5060세대를 위한 뇌가 젊어지는 필사책
매일 사자성어 100

1판 1쇄 인쇄 2025년 7월 25일
1판 1쇄 발행 2025년 8월 1일

―

지은이 HRS 학습센터

―

펴낸이 김은중
편집 허선영 디자인 김순수
펴낸곳 가위바위보
출판 등록 2020년 11월 17일 제 2020-000316호
주소 경기도 부천시 소향로 25, 511호 (우편번호 14544)
전화 070-4242-5011 팩스 02-6008-5011 전자우편 gbbbooks@naver.com
네이버블로그 gbbbooks 인스타그램 gbbbooks 페이스북 gbbbooks

―

ISBN 979-11-92156-45-3 03710

* 책값은 뒤표지에 있습니다.
* 이 책의 내용을 사용하려면 반드시 저작권자와 출판사의 동의를 얻어야 합니다.
* 잘못된 책은 구입처에서 바꿔 드립니다.

가위바위보 출판사는 나답게 만드는 책, 그리고 다함께 즐기는 책을 만듭니다.